Lena Reichgardt

Anna Rink

DIE VEGANE SPORTLERKÜCHE

Über 50 vollwertige und unkomplizierte Rezepte

für Höchstleistungen

Inhaltsverzeichnis

Vorwort 6

Dank 8

Leistungsoptimierung durch vegane Ernährung 10

- Warum vegane Sportlerernährung?
- Makronährstoffe
- Mikronährstoffe
- Timing der Nährstoffe
- Frauen im Sport
- Einkaufs- und Alltagstipps für die Umstellung

Bedienungsanleitung 17

Basics 18

Frühstück 32

Aufstriche & Dips 48

Salate & Suppen 58

Hauptgerichte 72

Snacks 114

Register 137

Impressum 144

Vorwort

Kaum eine Ernährungsform ist mit so vielen Vorurteilen behaftet wie der Veganismus. Bei veganer Ernährung denken immer noch viele Menschen an faden Tofu, Proteinmangel und Verzicht. Und ja, die Umstellung auf eine pflanzenbasierte Ernährung bedarf einer bewussten Auseinandersetzung mit dem Thema. Wo tierische Produkte wegfallen, wird aber auch Platz für neue Lebensmittel auf dem eigenen Speiseplan geschaffen. Wer die vermeintlichen Lücken mit pflanzlichen Nährstoffbomben füllt, kann seine Ernährung nachhaltig verbessern und darüber hinaus noch eine Leistungssteigerung erzielen.

Mit einer bewussten Ernährung das eigene Wohlbefinden und die sportliche Leistungsfähigkeit steigern: Wir möchten euer Interesse an einer gesunden, pflanzlichen Ernährung wecken und euch zeigen, dass diese, besonders im Bestreben nach sportlichen Höchstleistungen, hilfreich sein kann. Das soll keinesfalls bedeuten, dass dieses Buch nur für Wettkampfsportler geeignet ist. Unsere Rezepte sind für all diejenigen, die ihren Alltag gesünder gestalten wollen, ohne dabei auf den Genuss zu verzichten. Wir möchten euch dazu einladen, mit neuen Rezepten und unbekannten Zutaten zu experimentieren. Viele Gemüse-, Getreide- und Obstsorten sowie verschiedenste Hülsenfrüchte, haben auch wir erst durch die vegane Küche kennengelernt.

Wie bereite ich Tofu so zu, dass er nicht nach Schuhsohle schmeckt? Wie kreiere ich einfache Gewürzmischungen, um ein Curry lecker und ohne lästige Zusatzstoffe zuzubereiten? Wie lässt sich Seitan preiswert und gesund selber herstellen? All diese Fragen wollen wir euch in diesem Buch beantworten. Dazu gibt es unkomplizierte Rezepte für leckere Kuchen, gesunde Frühstücksideen und Snacks für zwischendurch.

Dank

Es ist Mitte Februar. Uns trennen mittlerweile rund 7.500 Kilometer Luftlinie, denn Anna sitzt in der karibischen Sonne Antiguas auf einem Segelboot, Lena in der winterlichen Sonne Münchens. Wir telefonieren und philosophieren darüber, wem wir unseren Dank aussprechen möchten. Es dauert nicht lange, da fallen uns gleich mehrere Namen ein.

Da wäre zuerst einmal unser Chef Uli Preunkert, der uns stets großes Vertrauen entgegenbringt und unser Herzensprojekt überhaupt erst ermöglicht hat. Unsere Kollegin Mikka Klöppel, die mit ihrem geschulten Auge unser Cover erstellt hat und uns auch in anderen Design-Fragen stets mit Rat und Tat zur Seite stand. Ein ganz besonderer Dank geht an Stella Waider, die uns mit wissenschaftlichen Anregungen und scharfem Verstand schnell weiterhelfen konnte. Tim Jäger, der nicht nur alle Rezepte ohne Murren verkostet hat, sondern auch die Fotos durch seine zur Verfügung gestellte Kamera ermöglichte. Katja Reichgardt, die mehrfach Texte gegengelesen hat und bei unklaren Formulierungen Licht ins Dunkel bringen konnte. Ute Jäger, die ihre Küche für Essenszubereitungen und Fotos geräumt und die fertigen Rezepte durchprobiert hat.

Leistungsoptimierung
durch vegane Ernährung

Warum eine vegane Sporternährung?

„You can't outrun a bad diet." In Sportlerkreisen ist es ein nicht selten anzutreffendes Phänomen, dass schlechte Essgewohnheiten (von ständiger selbstauferlegter Nahrungsrestriktion, über Diäten bis hin zu regelrechten Fressanfällen) durch noch mehr Training oder gar die Zufuhr von Nahrungsergänzungsmitteln kompensiert werden. Hierbei wird einer einfachen, gesunden Ernährung mit einer guten und regelmäßigen Nährstoffversorgung häufig nicht die ihr zustehende Aufmerksamkeit zuteil. Oftmals liegt es jenseits der eigenen Vorstellungskraft, dass eine einfach gestaltete Ernährung eine Vielzahl an positiven Effekten bieten kann und somit zu allgemeinem Wohlbefinden und gesteigerter Leistungsfähigkeit beitragen kann.

Warum aber die vegane Sportlerküche? Was bedeutet eine vegane Ernährung überhaupt? Vorab sei klargestellt, dass eine vegane Ernährung genauso gesund oder ungesund wie jede andere Ernährungsform sein kann. Daher meinen wir mit einer veganen Ernährung grundsätzlich eine rein pflanzliche und vollwertige Kost, die größtenteils auf möglichst unverarbeiteten Lebensmitteln basiert. Diese unverarbeiteten Lebensmittel weisen eine höhere Nährstoffdichte auf als der Großteil der tierischen Lebensmittel. In pflanzlichen unverarbeiteten Lebensmitteln kommen von Natur aus mehr Mikronährstoffe wie Vitamine, Spurenelemente und Mineralien vor. Es gibt eine Vielzahl verschiedener Lebenslagen und Ausgangssituationen, in denen Menschen einen erhöhten Nährstoffbedarf aufweisen. Neben - um einige Beispiele zu nennen - Frauen während der Schwangerschaft, Kindern im Wachstum oder erkrankten Menschen, weisen auch Sportler:innen einen über dem Durchschnitt liegenden Nährstoffbedarf auf. Aufgrund dieses erhöhten Nährstoffbedarfs, können sie die Vorteile der veganen Ernährung nutzen und so ihren Körper optimal versorgen. Einige weitere Vorteile in Bezug auf die sportliche Leistungsfähigkeit, bzw. ein gesteigertes Wohlbefinden im Alltag, seien hier vorab angeführt: Verbesserte Regeneration und Ausdauerleistung sowie ein für Krankheiten weniger anfälliges Immunsystem.

Dieses Kochbuch soll ein Leitfaden für alle Sportler:innen (von Freizeitsportler:innen bis zu ambitionierten Altersklassenathlet:innen) sein, die sich im Alltag gesund und vollwertig ernähren wollen und sich dabei die Vorteile einer pflanzlichen Ernährung zu Nutze machen möchten. Natürlich soll der Genuss hierbei auch nicht auf der Strecke bleiben. Wir haben in diesem Buch einfache, leckere und gesunde Rezepte zusammengestellt, die euch optimal mit Energie und Nährstoffen versorgen. Unsere Rezepte sind für gesundheitsbewusste Athlet:innen, die ein bestimmtes Ziel erreichen möchten, interessant, richten sich aber auch an alle Menschen, die sich aus moralischen und/oder ethischen Gründen mit vollwertiger veganer Nahrung auseinandersetzen möchten.

Auf den folgenden Seiten möchten wir euch einen Einblick in die vegane Sporternährung geben und zeigen, dass eine gut geplante pflanzliche Nahrungsmittelversorgung einer omnivoren in nichts nachsteht. Wir zeigen euch, wie ihr die vollwertige pflanzliche Ernährung in euren Alltag integrieren und dabei noch eure Leistungsfähigkeit verbessern könnt: Angefangen mit einer Erklärung zu Makro- und Mikronährstoffen, über potenziell kritische Nährstoffe bei veganer Ernährung, bis hin zum richtigen Timing der Makronährstoffe sowie hilfreichen Einkaufs- und Alltagstipps.

Makronährstoffe

Beginnen wir mit den Makronährstoffen: Zu den Makronährstoffen zählen Kohlenhydrate, Fette und Proteine. Kohlenhydrate spielen gerade in Bezug auf die Leistungsfähigkeit in der Sporternährung eine sehr wichtige Rolle. Sie sind der wertvollste und schnellste Energielieferant für die Muskel- und Gehirnarbeit. Grob können sie in kurzkettige und langkettige Kohlenhydrate unterteilt werden. In der alltäglichen Ernährung sollten vorrangig die langkettigen Kohlenhydrate eingesetzt werden. Diese werden vom Körper langsamer verdaut und sorgen für einen konstanten Blutzuckerspiegel. Pflanzliche Kohlenhydratquellen wie Hülsenfrüchte, Vollkornprodukte und Gemüse sind reich an langkettigen Kohlenhydraten und enthalten zudem Ballaststoffe und Vitamine. Die kurzkettigen Kohlenhydrate wiederum lassen den Blutzuckerspiegel in der Regel schneller ansteigen. Sie kommen z.B. in Form von Fruchtzucker in Obst, aber auch in Süßigkeiten und stark verarbeiteten Lebensmitteln wie Weißmehlprodukten vor. Nach einem schnellen Anstieg des Blutzuckerspiegels folgt in der

Regel ein starkes Absinken, was wiederum zu erneutem Hungergefühl, Konzentrationsproblemen und Müdigkeit führen kann. Daher sollten sie nicht in der Alltagsernährung vorkommen, können aber gerade in Bezug auf das Training gezielt eingesetzt werden. Mehr hierzu verraten wir euch im Absatz Timing der Nährstoffe. Da die Kohlenhydratspeicher im Körper begrenzt sind (bis zu 600 g können in der Muskulatur eines gut trainierten Menschen, bis zu 100 g in der Leber eingespeichert werden), sollten Sportler:innen, um eine gute Leistungsfähigkeit zu erzielen, über den Tag verteilt immer wieder Energie in Form von Kohlenhydraten zuführen.

Ein weiterer Makronährstoff sind die Proteine. Als Bausteine der Muskulatur sind sie an verschiedenen Wachstums- und Entwicklungsprozessen beteiligt. Proteine können wiederum in 20 verschiedene Aminosäuren unterteilt werden. Elf davon sind nicht-essenziell, neun essenziell. Die essenziellen Aminosäuren kann der Körper nicht selbst herstellen. Daher müssen sie durch die Nahrung aufgenommen werden. Bezogen auf die Sporternährung haben Sportler:innen je nach Trainingsvolumen und Intensität einen erhöhten Proteinbedarf. Zwar hat der Großteil der veganen Lebensmittel, bis auf Sojaprodukte, stets ein unvollständiges Aminosäureprofil, was bedeutet, dass ihnen im Gegensatz zu tierischen Lebensmitteln stets eine oder mehrere der essenziellen Aminosäuren fehlt. Mit einer Kombination verschiedener Lebensmittel kann jedoch ein vollständiges Aminosäurenprofil erreicht werden. Ein gutes Beispiel ist hier die Kombination aus Getreide und Hülsenfrüchten: Beispielsweise unser Chili mit Naturreis oder unser Hummus mit Vollkornbrot. So können auch vegane Sportler:innen mit einer durchdachten Lebensmittelkombination ihren Proteinbedarf decken.

Zuletzt kommen wir zu den Fetten: Fette verbessern die Aufnahme fettlöslicher Vitamine und bestehen aus Fettsäuren. Diese lassen sich weiter in gesättigte und ungesättigte Fettsäuren unterteilen. Die ungesättigten Fettsäuren können einfach oder mehrfach ungesättigt sein. Während die gesättigten Fettsäuren primär in tierischen Produkten, wie rotem Fleisch und Milchprodukten aber auch in pflanzlichen Lebensmitteln wie Kokosöl vorkommen, sind die ungesättigten Fettsäuren vorwiegend in pflanzlichen Lebensmitteln enthalten. Einfach ungesättigte Fettsäuren finden sich z.B. in Avocados, Olivenöl und Nüssen. Mehrfach ungesättigte Fettsäuren können im Gegensatz zu den gesättigten und einfach ungesättigten Fettsäuren nicht vom Körper selbst hergestellt werden und müssen daher über die Nahrung zugeführt werden. Man unterscheidet Omega 3 und Omega 6 Fettsäuren. Omega 3 Fettsäuren findet man z.B. in Leinöl, Leinsamen und Walnüssen, während Omega 6 Fettsäuren z.B. in Sonnenblumenöl vorkommen. In der Alltagsernährung sollte darauf geachtet werden, bevorzugt die ungesättigten Fettsäuren zuzuführen. Bei der Energiebereitstellung spielt Fett im Vergleich zu den Kohlenhydraten zwar eine untergeordnete Rolle, kann aber im Gegensatz zu den Kohlenhydraten in großen Mengen im Körper gespeichert werden. Dies können sich insbesondere Sportler:innen mit gut funktionierendem Fettstoffwechsel zu Nutze machen.

Mikronährstroffe

Unter Mikronährstoffen versteht man Mineralstoffe, Vitamine, Spurenelemente sowie sekundäre Pflanzenstoffe. Den Großteil dieser Nährstoffe kann der Körper nicht selbst herstellen, daher müssen sie über die Nahrung zugeführt werden. Sportler:innen (omnivor oder vegetarisch/vegan) haben durch die Mehrbelastung des Körpers, Mineralstoffverluste über den Schweiß sowie oxidativen Stress, einen höheren Bedarf an Mikronährstoffen. Wie bereits erwähnt, haben pflanzlich unverarbeitete Lebensmittel den Vorteil, dass sie in der Regel eine hohe Nährstoffdichte aufweisen. In der veganen Ernährung gibt es nur einen Mikronährstoff, welcher nicht über die Nahrung zugeführt werden kann: Vitamin B12. Vitamin B12 ist unabdingbar für den Energiestoffwechsel und die Bildung roter Blutkörperchen. In der omnivoren Ernährung kommt es in tierischen Lebensmitteln, wie z.B. der Leber vor. Da die Tiere jedoch mit Vitamin B12 angereichertes Futter erhalten, können wir diesen Umweg auslassen und das Nahrungsergänzungsmittel direkt selbst einnehmen. Generell ist es empfehlenswert, regelmäßig, ein bis zwei Mal im Jahr, ein großes Blutbild bei Ärzt:innen des Vertrauens durchzuführen und so die einzelnen Parameter im Blick zu haben. Stark ausgeprägte Mängel können meist nicht nur über die Ernährung behoben werden und müssen gegebenenfalls durch die Einnahme von Nahrungsergänzungsmitteln nach Absprache mit dem behandelnden Arzt ausgeglichen werden.

Auf die folgenden Mikronährstoffe sollten (vegane) Sportler:innen ein besonderes Augenmerk haben:

Calcium. Insbesondere wichtig für den Knochenstoffwechsel. Es kann z.B. über calciumreiches Mineralwasser, Sesam, grünes Blattgemüse oder zugesetzt in einigen Milchalternativen aufgenommen werden.

Eisen. Gerade bei Frauen im gebärfähigen Alter und Schwangeren ist Eisen ein potenziell kritischer Nährstoff. Pflanzliche Lebensmittel, die reich an Eisen sind, sind z.B. grünes Blattgemüse, Hülsenfrüchte und einige Samen wie z.B. Kürbiskerne und Sesam. Viele pflanzliche Lebensmittel mit hohem Eisengehalt enthalten jedoch zugleich Stoffe, die die Aufnahme hemmen. Daher lohnt es sich, einige Dinge bei der Aufnahme eisenreicher Lebensmittel zu beachten: So kann die Kombination mit Vitamin C die Bioverfügbarkeit von Eisen erhöhen, z.B. indem ein Glas Orangensaft zur Mahlzeit getrunken wird. Zusätzlich sollte ca. 30–60 Minuten vor und nach der Mahlzeit auf den Konsum von Kaffee, schwarzem oder grünem Tee verzichtet werden. Auch Einweichen, Keimen und Fermentieren von Hülsenfrüchten kann die Aufnahme des darin enthaltenen Eisens verbessern.

Jod. Jod ist für die Schilddrüsenfunktion essenziell und kann durch Algen oder jodiertes Speisesalz aufgenommen werden.

Selen. Kommt z.B. in Paranüssen und Haferflocken vor.

Vitamin B12. Vitamin B12 kommt nur in tierischen Lebensmitteln vor und muss daher supplementiert werden.

Vitamin D. Da die Sonnenexposition in vielen Ländern im Winter recht begrenzt ist, empfiehlt es sich, in den Monaten Oktober bis April ein Vitamin D-Präparat einzunehmen.

Zink. Wichtig für Zellwachstum und Immunabwehr. Kommt z.B. in Kürbiskernen, Linsen und Haferflocken vor. Ähnlich wie bei Eisen, kann die Bioverfügbarkeit von Zink in veganen Lebensmitteln durch die Beigabe von Vitamin C erhöht werden.

Timing der Nährstoffe

Gerade im Arbeits- und Trainingsalltag ist das Timing der Nährstoffe wichtig. Wir empfehlen grundsätzlich drei Mahlzeiten am Tag zu essen und diese je nach Bedarf durch ein bis zwei Snacks zu ergänzen. Insbesondere wenn ein intensives Training ansteht, sollte die letzte Mahlzeit ca. zwei bis drei Stunden zuvor eingenommen worden sein, um Verdauungsproblemen während des Trainings vorzubeugen. Diese sollte kohlenhydratreich, dafür aber fett-, protein-, und ballaststoffarm gestaltet sein. Im Anschluss an das Training solltet ihr eine Kombination aus Kohlenhydraten und Eiweißen zu euch nehmen, um den Regenerationsprozess zu beschleunigen. Wenn es einmal schnell gehen soll, kann hier auch auf den klassischen Protein-Shake, zubereitet mit Reismilch und kombiniert mit zwei bis drei Datteln, zurückgegriffen werden. Wie bereits erwähnt, haben auch die kurzkettigen Kohlenhydrate in der Sporternährung ihre Daseinsberechtigung und können gezielt vor, während oder auch nach einer intensiven Einheit eingesetzt werden. Wenn beispielsweise die letzte Hauptmahlzeit schon länger her ist und noch ein intensives Training folgt, kann ein Snack, der reich an kurzkettigen und schnell zu verstoffwechselnden Kohlenhydraten ist, wie z.B. Reiswaffeln mit Marmelade oder weißer Reis gesüßt mit Ahornsirup, euch noch einen zusätzlichen Energieschub für das anstehende Training geben. Direkt im Anschluss an eine intensive Einheit, können die geleerten Glykogenspeicher leichter durch schnell zu verstoffwechselnde Kohlenhydrate wieder aufgefüllt werden. So könnt ihr euch den durch die kurzkettigen Kohlenhydrate induzierten raschen Blutzuckeranstieg zu Nutze machen. Dies führt außerdem dazu, dass ihr euch keine Lebensmittel verbietet und es so zu weniger Heißhungerattacken im Alltag kommt.

Frauen im Sport

Frauen im Sport: Eine Einführung in das Thema zyklusbasierte Ernährung und Training.

„Women are not small men." Männer und Frauen unterscheiden sich schon rein optisch stark voneinander. Warum sollten dann Frauen dem gleichen Trainingsplan folgen wie Männer? Und gilt dies auch für die Ernährung? Bis zum heutigen Tage basieren zahlreiche Ergebnisse sportmedizinischer Studien lediglich auf der Untersuchung männlicher Probanden. Dies liegt primär an einem wesentlichen Unterschied zwischen beiden Geschlechtern: Dem weiblichen Zyklus. Die Auswertung von Ergebnissen ist zum einen durch die hormonellen Schwankungen während des Zyklus und zum anderen durch den sehr individuellen Verlauf desselbigen komplizierter. Seit einigen Jahren wächst allerdings die Anzahl der Studien, die sich mit dem Thema der zyklusbasierten Ernährung und dem dazu passenden Training beschäftigen. Wir wollen euch in diesem Abschnitt einige wichtige Erkenntnisse aus diesem Bereich mitgeben und euch durch eine Sammlung weiterführender Literatur dazu motivieren, auf eure individuellen Bedürfnisse als weibliche Sportler einzugehen. Da der weibliche Körper durch die Hormonschwankungen in den jeweiligen Zyklusphasen einen unterschiedlichen Nährstoffbedarf aufweist, können wir ihn durch angepasste Ernährung beim Hormonauf- und abbau unterstützen. Das Wissen um die unterschiedlichen Bedürfnisse eures Körpers, kann euch dabei helfen, eure Leistungsfähigkeit besser auszuschöpfen und euer allgemeines Wohlbefinden zu steigern.

Der weibliche Zyklus ist im Durchschnitt 28 Tage lang. Die Dauer ist sehr variabel und kann kürzer oder länger sein. Der Zyklus beginnt mit dem ersten Tag der Menstruation und lässt sich grob in zwei Phasen einteilen: 1. Follikel Phase: Tag 1-14, 2. Luteal Phase: Tag 15 – 28.

1. Phase: Während der Tage der Menstruation sind die Hormone Östrogen und Progesteron auf einem niedrigen Level. Bis zum Eisprung steigt das anabol (aufbauend) wirkende Hormon Östrogen an. Wir befinden uns in einer Phase, die wir trainingsspezifisch für hochintensive Einheiten, wie z.B. Intervalltraining oder Krafttraining, nutzen können. Bezogen auf die Ernährung, ist gerade für Frauen mit starker Regelblutung eine eisenreiche Ernährung in den Tagen der Menstruation sehr empfehlenswert.

2. Phase: Nach dem Eisprung kommt es zum Abfall des Hormons Östrogen, im Anschluss steigen Östrogen und Progesteron wieder an. Diese Hochhormonphase mit dem katabol (abbauend) wirkenden Progesteron, eignet sich trainingsspezifisch eher für niedrig intensive Einheiten, wie z.B. Grundlagenausdauertraining. Ernährungsspezifisch bringt diese Phase einige Besonderheiten mit sich. Zum einen ist der Energiebedarf leicht erhöht und es kann zu Blutzuckerschwankungen kommen. Dieser zusätzliche Energiebedarf sollte bevorzugt durch langkettige Kohlenhydrate gedeckt werden, um den Blutzuckerspiegel stabil zu halten. Der abbauenden Wirkung von Progesteron kann durch eine zusätzliche Proteingabe entgegengewirkt werden. Sowohl vor als auch innerhalb von 30 Minuten nach einem intensiven Training sollten 20 bis 30 g Protein zugeführt werden. Hier eignen sich proteinreiche Snacks, wie z.B. unser High-Protein-Schokopudding oder auch ein Proteinshake. Viele Frauen leiden gerade in den letzten Tagen vor der Blutung unter dem Prämenstruellen Syndrom. Dies kann sich u.a. durch starke Krämpfe, Kopfschmerzen, Schlafstörungen oder auch Stimmungsschwankungen bemerkbar machen. Die Krämpfe können durch eine betont magnesiumreiche Ernährung gelindert werden.

Auch wenn die Studienlage zu diesem Thema noch recht dünn ist, lohnt es sich gerade als Frau, den Zyklus in Bezug auf Ernährung und Sport im Blick zu behalten. Es gibt mittlerweile zahlreiche hilfreiche Apps, mit denen der Zyklus und damit einhergehende Symptome erfasst werden können. Wir können aus eigener Erfahrung sagen, dass allein die Auseinandersetzung mit den unterschiedlichen Zyklusphasen und Hormonschwankungen zu einem verbesserten Körpergefühl führen kann. Ein regelmäßiger Zyklus abseits der Einnahme jeglicher Kontrazeptiva ist essenziell für die langfristige Gesundheit.

Nachfolgend geben wir euch noch einige weiterführende Links und Lektüre zu diesem Thema mit auf den Weg.

Youtube Videoserie von Profi-Triathletin Laura Philipp: Menstruationszyklus & Sport.

Sims, S.T. and Yeager, S., 2016. Roar: How to Match Your Food and Fitness to Your Female Physiology for Optimum Performance, Great Health, and a Strong, Lean Body for Life. Rodale.

Wohlgemuth, K. J., Arieta, L. R., Brewer, G. J., Hoselton, A. L., Gould, L. M., & Smith-Ryan, A. E. (2021). Sex differences and considerations for female specific nutritional strategies: A narrative review.

Einkaufs- und Alltagstipps

Aller Anfang ist schwer und Menschen sind bekannterweise Gewohnheitstiere. Leider ist das größte Hindernis bei der Umstellung zur veganen Ernährung die Gewohnheit. Während Anna zu Beginn einen regelrechten Käse-Entzug durchlebte, bis sie eine extrem leckere Käse-Alternative auf Basis von fermentierten Cashewkernen gefunden hat, war es bei Lena der Quark, den sie zu Beginn ihrer Ernährungsumstellung schmerzlich vermisste. Zum Glück hat auch sie mittlerweile eine gute pflanzliche Alternative gefunden. Unser Rat an alle, die sich dazu entschließen, die vegane Ernährung auszuprobieren: Nehmt euch Zeit!

Die Umstellung zu einer veganen Ernährung wird etwas Zeit in Anspruch nehmen. Wir sprechen da aus Erfahrung. Man sollte Spaß daran haben, die Komfortzone zu verlassen, neue Dinge auszuprobieren, reichlich in der Küche zu experimentieren und bewusst regional und saisonal einzukaufen. Dies ist in den meisten Fällen preisgünstiger und die Lebensmittel sind durch kürzere Transportwege und Lagerungen schmackhafter und nährstoffreicher. Es braucht keine teuren „Superfoods"; regionale Produkte wie Leinsamen, grünes Blattgemüse, Kohlsorten oder Hirse sind in der Regel die bessere Wahl.

Letztlich wird eine Umstellung dazu führen, dass ihr euch wesentlich abwechslungsreicher ernährt und euch mit eurem eigenen Konsum bewusster auseinandersetzt. Ihr werdet sehen, dass viel mehr neue Lebensmittel in eurer Küche Einzug finden, als dass ihr auf gewisse Produkte „verzichten" müsst. Da es bei der Umstellung nicht auf Perfektion ankommt, ist es vielleicht am Anfang für euch einfacher, ab und zu gewisse „Ersatzprodukte" zur alltäglichen Ernährung hinzuzufügen. Auch das ist kein Drama, solange diese Produkte nicht dauerhaft in die Ernährung integriert werden.

Fragt doch mal in eurer Verwandtschaft und Bekanntschaft nach, ob jemand mit dem Thema vegane Ernährung schon in Berührung gekommen ist. Tauscht Erfahrungen aus und nehmt euch die Zeit, euch bewusst mit eurer Ernährung auseinanderzusetzen. Wir versuchen euch mit diesem Buch dabei zu helfen!

Auf der folgenden Seite haben wir eine Einkaufsliste für euch zusammengestellt, auf der ihr die Lebensmittel findet, die ihr für eine ausgewogene und vollwertige Versorgung in eurem Sportler:innenalltag benötigt. Grundsätzlich setzen wir bei unserer Ernährung auf Bio-Ware und nicht auf konventionell angebautes Obst und Gemüse. Bio-Produkte weisen im Gegensatz zu konventionellen Produkten, wenn überhaupt, nur sehr geringe Mengen an Pestiziden auf und belasten so weder den Körper noch die Umwelt.

Einkaufsliste für vegane Sportler:innen

Haltbare Basics

Haferflocken

Naturreis

Buchweizen

Hirse

Vollkornnudeln

Linsen/Bohnen

Kichererbsen-/Linsennudeln

Vollkornbrot

Olivenöl/Sesamöl/Leinöl

Gestückelte Tomaten aus der Dose

Tiefkühl-Beeren

Nüsse (Walnüsse, Mandeln, etc.)

Samen (Leinsamen, Sesam, Kürbiskerne, etc.)

Trockenfrüchte (Datteln, Aprikosen, etc.)

Milchalternativen (ungesüßter Sojadrink, Mandeldrink, Reisdrink, etc.)

Nussmuse (Tahin, Erdnussmus, etc.)

Hefeflocken

Getrocknete Kräuter (Rosmarin, Thymian, Oregano, etc.)

Gewürze (Salz, Pfeffer, Kurkuma, Paprikapulver, Kreuzkümmel, Kakaopulver, Zimt, etc.)

Reissirup/Ahornsirup

Apfelessig, Balsamicoessig

Senf

Tomatenmark

Sojasoße

Gemüsebrühe

Frische Basics

Saisonales Obst und Gemüse, frische Kräuter

Sprossen

Tempeh

Tofu

Fermentiertes Gemüse (z.B. frisches Sauerkraut oder Kimchi)

Ungesüßte Joghurt- und Quarkalternativen (Kokosjoghurt, Sojaquark, Erbsenjoghurt)

Bedienungsanleitung

Um euch nach dieser ausführlichen Einleitung zum Thema Sport und Ernährung die Arbeit mit unserem Kochbuch zu vereinfachen, haben wir unseren Rezepten die hier aufgeführten Icons zugeordnet. Somit könnt ihr auf einen Blick sehen, ob das jeweilige Rezept eher für vor oder nach einer Sporteinheit geeignet ist, ob es reich an Proteinen oder Kohlenhydraten ist, oder ob es sogar glutenfrei ist.

pre LIT

pre LIT steht für „pre Low Intensity Training". 60 - 90 Minuten vor einer leichten Grundlagenausdauer Einheit können wir einen leicht verdaulichen Snack empfehlen und haben unsere Rezepte dementsprechend gekennzeichnet.

pre HIT

pre HIT steht für „pre High Intensity Training". 60 - 90 Minuten vor einer intensiven Trainingseinheit (z.B. mit Intervallen im anaeroben Bereich), empfehlen wir den Konsum von Lebensmitteln, die leicht verdauliche Kohlenhydrate enthalten und möglichst fett- und ballaststoffarm sind.

post LIT

post LIT steht für „post Low Intensity Training". Nach einer Ausdauereinheit sollte der Körper ausreichend mit Kohlenhydraten und Proteinen versorgt werden, um einen maximalen Trainingseffekt zu erzielen. Geeignete Gerichte sind mit dem jeweiligen Icon gekennzeichnet.

post HIT

post HIT steht für „post High Intensity Training". Nach einer harten Einheit ist es wichtig, die Kohlenhydratspeicher des Körpers schnellstmöglichst wieder aufzufüllen. Mit einer kohlenhydrat- und proteinreichen Mahlzeit innerhalb der ersten 60 Minuten nach dem Training, kannst du die Regenerations- und Anpassungsprozesse optimal unterstützen. Geeignete Rezepte haben wir mit dem jeweiligen Icon versehen.

Meal Prep

MealPrep bedeutet Essensvorbereitung. Um eine vollwertige Ernährung in den manchmal stressigen Alltag zu integrieren, bereiten wir einige Dinge am Wochenende vor. So gehört eine große Auswahl unserer „Basics" dauerhaft in unseren Kühlschrank, damit wir unter der Woche unsere Mahlzeiten schneller zubereiten können. Zudem sind viele Hauptmahlzeiten gut dafür geeignet, sie am Vortag vorzubereiten und dann während einer Mittagspause oder nach dem Training zu essen.

High Carb

HighCarb steht für hoher Kohlenhydratgehalt. Rezepte, die mit diesem Icon versehen sind, eignen sich besonders gut, um den Körper nach einer hoch intensiven Trainingseinheit schnell und ausreichend mit Kohlenhydraten zu versorgen.

High Protein

HighProtein steht für hoher Proteingehalt. Proteine sind die Bausteine der Muskulatur und an verschiedenen Wachstums- und Entwicklungsprozessen beteiligt. Bei jeder Ernährungsform, aber insbesondere bei Sportlern, sind Proteine unabdingbar.

glutenfrei

glutenfrei um euch die Arbeit mit unserem Kochbuch zu vereinfachen, haben wir Rezepte, die glutenfrei sind, ebenfalls gekennzeichnet.

Basics

LEINSAAT
PEISESTÄRKE

Alfalfasprossen

Meal Prep

high Protein

glutenfrei

Für 100 Gramm

Zutaten

2 EL	Alfalfa-Keimsaat
	Wasser
	Sprossenglas

Zubereitung

Alfalfa-Keimsaat in ein Sprossenglas geben und mit Wasser befüllt 6–8 Stunden einweichen lassen.

Im Anschluss das Keimwasser abgießen und die Saat so lange mit frischem Wasser durchspülen, bis das abfließende Wasser klar ist.

Zweimal täglich auf diese Weise spülen und zwischen den Spülgängen das Glas gekippt stellen. Nach 6 Tagen die fertigen Sprossen noch einmal durchspülen und direkt verzehren oder im Kühlschrank bis zu 5 Tage lagern.

Frische Sprossen schmecken gut als Topping auf Brot, Suppe, Rohkostsalat oder als Dip z.B. verrührt mit veganem Joghurt.

Good to Know

Alfalfa ist der Name für die Saat der Luzerne und gehört somit zur Familie der Hülsenfrüchte. Sie strotzen nur so vor Mikronährstoffen und sind eine ausgezeichnete Quelle für Vitamin A, B1, B6, C, E, Magnesium, Eisen, Kalium, Calcium, Zink und Phosphat.

Dementsprechend ist auch das Spülwasser mit reichlich Nährstoffen versehen und eignet sich gut zum Blumengießen.

Seitan

Meal Prep

high Protein

Für 500 Gramm

Zutaten

210 g	Seitan Fix
250 ml	Wasser
1	kleine Zwiebel
1,5 EL	Kichererbsenmehl
1,5 EL	Hefeflocken
1 TL	Salz
0,5 TL	Pfeffer
1,5 EL	Apfelessig

Zubereitung

Die Zwiebel schälen und reiben. Trockene Zutaten miteinander vermengen, dann die geriebene Zwiebel, das Wasser und den Apfelessig hinzugeben und mit den Händen zu einem glatten Teig kneten.

30 Minuten gehen lassen.

Den Teig im Anschluss rund nach innen falten, bis die Oberfläche glatt gespannt ist. Mit dem zusammengefalteten Ende nach unten in einen Dämpfaufsatz geben und 45 Minuten dämpfen.

Vollständig auskühlen lassen und über Nacht im Kühlschrank aufbewahren.

Good to Know

Seitan besteht zu 100 % aus Weizengluten, Wasser und Gewürzen. Für Menschen mit einer Zöliakie oder einer Glutenunverträglichkeit ist es dementsprechend völlig ungeeignet. Für den Rest der Bevölkerung ist Seitan eine hervorragende Proteinquelle.

Selbstverständlich kann man Seitan einfach fertig im Bioladen kaufen, was allerdings sehr teuer ist. Seitan selbst herzustellen, ist super einfach und hat nicht nur den Vorteil, dass es nur einen Bruchteil dessen kostet, was man im Supermarkt dafür bezahlt, außerdem kann man so auf lästige Zusatzstoffe, Geschmacksverstärker und Zucker verzichten. Mit unterschiedlichen Zutaten und Marinaden kann man Seitan dem Gericht entsprechend seine eigene Note verleihen, was es unglaublich vielfältig einsetzbar macht.

Wir nutzen Seitan besonders gern in asiatischen Gerichten, da es aus Japan stammt und in der asiatischen Küche schon seit den Siebzigern als pflanzliche Proteinquelle genutzt wird.

Nährwert von 100 g Seitan

Brennwert	148 kcal
Eiweiß	28 g
Kohlenhydrate	2,5 g
Fett	2 g
Ballaststoffe	0,2 g

Gelbe und Grüne Currypaste

Meal Prep

glutenfrei

Für jeweils ein Glas

Zutaten

Für die Gelbe Currypaste

3	Zwiebeln
1 TL	getrocknetes Zitronengras
3	getrocknete Chilis
3	Knoblauchzehen (geschält)
20 g	Kurkumawurzel (frisch oder Pulver)
20 g	frischer Koriander
4 EL	Sojasoße
2 EL	Apfelessig
2 EL	Currypulver
2 TL	Miso-Paste
1 TL	Galgantpulver

Für die Grüne Currypaste

4	Frühlingszwiebeln
4 EL	Sojasoße
2 EL	Apfelessig
1 EL	Reissirup
15 g	frischer Ingwer
1 TL	Kreuzkümmel
½ TL	Korianderpulver
1 Bund	Koriander
3	Knoblauchzehen
4	Kaffir-Limettenblätter
2	getrocknete Chilis
1/2 TL	Salz

Zubereitung

Jeweils alle Zutaten in ein hohes Gefäß geben und pürieren.

Tipp

Selbstverständlich kann man die Currypasten auch fertig im Bioladen kaufen, unsere hausgemachten Pasten sind jedoch etwas ganz Besonderes und dürfen in unserem Kühlschrank nicht mehr fehlen.

In einem sauberen, gut verschlossenem Glas halten sich die Pasten bis zu 14 Tage im Kühlschrank.

Veganer Parmesan

Meal Prep

glutenfrei

Für ein Glas

Zutaten

40 g	Hefeflocken
50 g	Cashewkerne
30 g	Sonnenblumenkerne
1 TL	Salz
1 TL	Apfelessig

Zubereitung

Alle trockenen Zutaten mit einem Pürierstab fein pürieren.

Apfelessig hinzugeben, gut verrühren und etwa 10 Minuten an der Luft trocknen lassen.

Den Parmesan in ein sauberes Schraubglas geben und im Kühlschrank lagern.

Tipp

Wir verwenden den Parmesan gerne als Topping für Salate, Suppen oder Aufläufe.

Der Parmesan hält sich im gekühlten Zustand gut 2 Wochen. Bei uns hält er allerdings nie so lange, weil er einfach zu lecker ist.

Die Cashewkerne und Sonnenblumenkerne können nach Belieben durch Mandeln, Walnüsse oder Sesam ersetzt werden.

Good to Know

Viele der Käse-Alternativen, die man im Supermarkt findet, bestehen aus gesättigten Fettsäuren, Konservierungs- und Aromastoffen. Aus dem Grund greifen wir am liebsten auf den schnell selbst gemachten Parmesan zurück. Unser Parmesan enthält gute Fette und besteht lediglich aus natürlichen Zutaten, die wir ohnehin immer im Haus haben.

Süßer Allrounder

Meal Prep

glutenfrei

Für ein Glas

Zutaten

50 g	Zimt
40 g	Hagebuttenpulver
25 g	Getrocknete Orangenschale
10 g	Ingwerpulver
10 g	Kurkumapulver
10 g	Sternanis gemahlen
2 g	Nelkenpfeffer oder schwarzer Pfeffer

Zubereitung

Damit es morgens richtig schnell geht und wir ein bisschen Variation in unserem Müsli haben, bereiten wir dieses Gewürz gerne auf Vorrat zu.

Dafür alle Zutaten miteinander vermengen und in ein luftdichtes Gefäß oder in ein verschließbares Glas füllen und das Gewürz dunkel und kühl lagern. Das Porridge (S. 32) oder Müsli je nach Geschmack würzen.

Tipp

Dieser süße Allrounder hält, was er verspricht, er bringt Abwechslung in fade Haferflocken im Trainingslager, peppt einfachen Soja- oder Kokosjoghurt auf oder gibt heißer veganer Milch (z.B. Mandel oder wer es süßer mag, Hafermilch) im Winter das gewisse Etwas.

Bei den Gewürzen kann nach Belieben variiert oder ergänzt werden. So kann z.B. Kakaopulver oder Vanillepulver hinzugefügt werden.

Einige Zutaten, wie z.B. Ingwer, Kurkuma oder Orangenschale können auch gut frisch hinzugefügt werden.

Da die Gewürzmischung aus bereits gemahlenen Gewürzen besteht, solltet ihr sie innerhalb weniger Wochen aufbrauchen. Mit der Zeit können Aroma und Farbe verloren gehen.

Good to Know

Wir nutzen in der Küche ausschließlich Ceylon Zimt, dieser beinhaltet im Gegensatz zum weiter verbreiteten Cassia Zimt deutlich weniger Cumarin, welches in größeren Mengen als gesundheitsschädlich gilt.

Basilikumpesto

Meal Prep

glutenfrei

Für ein Glas

Zutaten

1 Bund	Basilikum
80 ml	Olivenöl
45 g	Sonnenblumenkerne
1 EL	Hefeflocken
1	Knoblauchzehe
1 TL	Salz

Zubereitung

Sonnenblumenkerne in einer Pfanne ohne Öl rösten, bis sie anfangen zu duften. Im Anschluss abkühlen lassen. Basilikum mit Stielen abspülen und gut abtropfen lassen oder in einer Salatschleuder trocken schleudern. Knoblauch schälen.

Sonnenblumenkerne mit Basilikum, Knoblauch, Hefeflocken, Salz und Olivenöl mithilfe eines Pürierstabs oder in einem Standmixer fein pürieren.

Das fertige Pesto in ein sauberes Schraubglas geben und mit zusätzlichem Olivenöl beträufeln, sodass das Pesto leicht bedeckt ist.

Das Pesto hält sich ca. 2 Wochen im Kühlschrank.

Tipp

Das Olivenöl kann auch durch Kürbiskernöl ersetzt oder ergänzt werden. So erhält das Pesto eine sehr nussige Note.

Sonnenblumenkerne je nach Belieben durch Pinienkerne, Walnüsse oder Cashewkerne ersetzen.

Don't skip Breakfast!

Porridge

Meal Prep

high Protein

high Carb

Für 4 Portionen

Zutaten

Für das Porridge

300 g	Haferflocken (fein oder kernige)
20 g	Mohn
20 g	Sesam
60 g	Leinsamen
25 g	Haferkleie
25 g	Weizenkleie
40 g	Braunhirse
600 ml	Wasser
200 ml	vegane Milch (z.B. Erbsenmilch)
2 EL	Zimt
1	Prise Salz

Toppings

Beeren

Bananen

Nüsse

Samen

Kokosjoghurt

Zubereitung

Haferflocken, Mohn, Sesam und Leinsamen in einen kleinen bis mittelgroßen Topf geben und bei niedriger Hitze rösten, bis es duftet. Dabei häufig umrühren.

Mit Wasser und Milch ablöschen.

Restliche Zutaten hinzugeben und 15 Minuten auf kleinster Flamme eindicken lassen und regelmäßig umrühren. Gegebenenfalls noch Flüssigkeit hinzugeben.

Nachdem das Müsli vollständig ausgekühlt ist, kann es im Kühlschrank gut eine Woche gelagert werden.

Porridge mit saisonalem Obst, Beeren, Nüsse, Samen oder Kokosjoghurt getoppt genießen.

Tipp

Wir haben immer Müsli im Kühlschrank, so können wir, wenn es mal hektisch wird, schon abends das Müsli für den nächsten Morgen vorbereiten.

Variationen: Um für ein bisschen Abwechslung zu sorgen, kann das Müsli auch gut mit Kardamom, Kakaopulver und frischen Orangenzesten gewürzt werden.

Besonders gut macht sich unser Süßer Allrounder (S. 26) in unserm Porridge.

Rührtofu

high Protein

glutenfrei

pre LIT

Für 2 Portionen

Zutaten

200 g	Naturtofu
2	Frühlingszwiebeln
2 EL	Olivenöl
2 EL	Sojajoghurt
2 EL	Sojamilch
½ TL	Kala Namak
¼ TL	Kurkumapulver (für die Farbe)
½ TL	geräuchertes Paprikapulver (optional)
¼ TL	Pfeffer (frisch gemahlen)

Zubereitung

Den Tofu gut abtropfen lassen und mit einem Küchentuch abtupfen.

Olivenöl in eine heiße Pfanne geben. Tofu mit den Händen in kleine Stückchen zerbröseln oder alternativ mit der Gabel zerdrücken und in die Pfanne geben.

Die Frühlingszwiebeln in Ringe schneiden. Das Weiße der Frühlingszwiebeln mit zum Tofu in die Pfanne geben und für 4 Minuten unter gelegentlichem Rühren goldbraun anbraten.

In der Zwischenzeit die übrigen Zutaten bis auf die Hälfte des Grüns der Frühlingszwiebeln in einer Schüssel verrühren.

Den Herd ausstellen, die Gewürz- und Joghurtmischung zum Tofu geben und gut unterheben.

Den Rührtofu mit dem übrigen Grün der Frühlingszwiebeln getoppt servieren.

Tipp

Der Rührtofu eignet sich super als Frühstück vor einer langen Ausdauereinheit, bei der ihr den Fettstoffwechsel trainieren wollt.

Kombiniert mit Brötchen, Vollkornbrot und Salat ist er aber auch eine proteinreiche und vollwertige Mahlzeit.

Sauerteigbrot

mit Knusperkruste

Meal Prep

high Carb

Für ein Brot à 1 kg

Zutaten

Für den Teig

500 g	Roggenvollkornmehl
470 ml	Wasser
12 g	Salz
40 g	Anstellgut
60 g	Altbrot
1	Handvoll Körner oder Saaten (5-Korn Mischung, Sesam, Sonnnenblumenkerne)
1 TL	Brotgewürz

Sonstiges

Mehl für die Arbeitsfläche

Gärkorb oder Brotkorb

Küchentuch

Zubereitung

Vortag

210 g Roggenvollkornmehl, 230 ml (45 °C) warmes Wasser, 4 g Salz und 40 g Anstellgut in eine große Schüssel geben und verrühren. Teigschüssel abgedeckt an einem warmen Ort (ca. 20 °C) für ca. 16 Stunden gehen lassen.

Für das Brühstück

Altbrot mit 8 g Salz und 240 ml kochendem Wasser verrühren, abkühlen lassen und abgedeckt im Kühlschrank über Nacht ziehen lassen.

Körner oder Saaten mit Wasser abgedeckt über Nacht einweichen lassen.

Backtag

Den Teig mit dem Brühstück, 370 g Roggenvollkornmehl, 120 ml heißem (nicht kochendem) Wasser und den eingeweichten Körnern (Wasser vorher abschütten) mit einem Löffel gut verrühren. Im Anschluss 30 Minuten an einem warmen Ort gehen lassen.

Reichlich Mehl auf die Arbeitsfläche geben und den Teig mit Hilfe eines Teigschabers rundwirken. Mit der geraden Oberfläche in den Gärkorb geben und 80 Minuten an einem warmen Ort gehen lassen.

Ofen auf 250 °C Ober-/Unterhitze vorheizen. Brot auf ein Backpapier geben und 10 Minuten backen. Dann den Ofen auf 200 °C runterregulieren und weitere 45 Minuten backen.

Brot vor dem Anschneiden gut auskühlen lassen.

Tipp

Von jedem Brot halten wir eine dicke Scheibe zurück, um daraus Altbrot herzustellen. Dafür wird die Brotscheibe gewürfelt, in der Pfanne oder dem Backofen geröstet und im Anschluss mithilfe eines Standmixers zu feinem Mehl verarbeitet. .

Wir haben selbst einige Anläufe gebraucht, bis wir den Teig problemlos und schnell rundwirken konnten. Sehr hilfreich dabei ist, ausreichend Mehl auf die Arbeitsfläche zu geben und den Teig mit einem Teigschaber zu formen, nicht mit den Händen.

Durch die Zugabe unterschiedlicher Gewürze kann man den Geschmack des Brotes sehr einfach variieren. Hier eignen sich z.B. Schabzigerklee, Kümmel, Fenchelsamen oder Anis.

Protein Brötchen

Meal Prep

high Protein

glutenfrei

pre LIT

Für 4 Brötchen

Zutaten

60 g	Mandelmehl
60 g	Kürbiskernmehl
60 g	Leinmehl
15 g	Flohsamenschalen
2 g	Backpulver
270 ml	Wasser
3 EL	Apfelessig
1 EL	Kürbiskerne
1 EL	Chia Samen
1 EL	Sonnenblumenkerne
1 EL	Mohn
1	Prise Salz

Zubereitung

Ofen auf 170 °C Ober-/Unterhitze vorheizen.

Alle trockenen Zutaten in eine Schüssel geben. Mit Wasser und Apfelessig übergießen und gut vermengen.

5 Minuten quellen lassen.

Mit nassen Händen zu kleinen Brötchen formen, mit Wasser glatt streichen und mit Mohnsamen bestreuen. Die Brötchen auf ein mit Backpapier ausgelegtes Backblech geben.

Brötchen 40 Minuten auf der mittleren Schiene backen. Vor dem Anschneiden gut auskühlen lassen.

Tipp

Diese kohlenhydratarmen und proteinreichen Brötchen sind reich an ungesättigten Fettsäuren. Sie können sowohl mit süßem, aber auch deftigem Aufstrichen verzehrt werden. Ihr könnt sie auch gut als Burger-Buns zu unseren Rote Bete Burger (S. 74) servieren.

Körnerbrot

Meal Prep

glutenfrei

Für ein Brot à 750 g

Zutaten

225 g	feine Haferflocken (glutenfrei)
60 g	Leinmehl oder geschrotete Leinsamen
65 g	Leinsamen (ganz) (oder Chiasamen)
50 g	Sesam
50 g	Sonnenblumenkerne
10 g	Flohsamenschalen
10 g	Buchweizenkörner
1 TL	Brotgewürz
1	Prise Salz
450 ml	Wasser

Zubereitung

Ofen auf 200 °C Ober-/Unterhitze vorheizen.

Alle Zutaten in eine Schüssel geben und mit Wasser übergießen. Mit einem Löffel gut verrühren. 2–3 Minuten quellen lassen.

Mit nassen Händen zu einem Brotlaib formen und mit Wasser glatt streichen. Brot auf ein mit Backpapier ausgelegtes Backblech geben.

Brot ca. 70 Minuten auf der mittleren Schiene backen. Wir empfehlen, es vor dem Anschneiden mehrere Stunden auskühlen zu lassen.

Variationen

Die Sonnenblumenkerne oder den Sesam durch Kürbiskerne oder Hanfsamen austauschen.

½ TL Kurkuma für eine schöne gelbliche Farbe hinzugeben.

Mit Zimt und einer Handvoll Rosinen zubereiten.

Apple Crumble

Meal Prep

glutenfrei

pre HIT

Good to Know

Nicht jede Margarine ist vegan, einige Hersteller fügen beispielsweise Milchprodukte hinzu. Damit dieses Gericht vegan bleibt, solltet ihr beim Einkauf auf das „vegan" Label achten oder die Zutatenliste lesen.

Für eine Auflaufform à 4 Portionen

Zutaten

Für die Äpfel

500 g	Äpfel (z.B. Boskoop)
½	Zitrone (Saft)
½ TL	Zimt

Für den Crumble

100 g	zarte Haferflocken (glutenfrei)
50 g	Buchweizenmehl
25 g	gehackte Nüsse/Saaten (z.B. Mandeln, Pekannüsse, Sonnenblumenkerne, Leinsamen)
2 EL	Kokosöl (oder Margarine)
20 g	Sojajoghurt
½	sehr reife Banane
1 Prise	Salz

Für den Vanillejoghurt

250 g	Sojajoghurt
2 EL	veganes Proteinpulver mit Vanillegeschmack
2 EL	Reissirup (optional)

Zubereitung

Äpfel

Äpfel vierteln, Kerngehäuse entfernen und in Würfel schneiden. Die Apfelwürfel in einer Auflaufform verteilen, Zimt und Saft einer halben Zitrone über die Würfel geben und mit den Händen vermengen. Den Boden der Auflaufform gleichmäßig mit den Apfelwürfeln bedecken.

Crumble

Banane mit einer Gabel zerdrücken. Alle übrigen Zutaten für den Crumble in einer Schüssel vermengen und mit den Händen zu einem Teig kneten. Den Teig über die Apfelwürfel bröseln, sodass sie gleichmäßig damit bedeckt sind.

Die Auflaufform 20 Minuten bei 175 °C in den Ofen geben. Wenn die Apfelwürfel weich sind und der Crumble eine schöne goldbraune Farbe bekommen hat, ist er fertig.

Vanillejoghurt

Während der Crumble im Ofen ist, Sojajoghurt mit Vanilleproteinpulver vermengen. Konsistenz durch Zugabe von Sojamilch nach Belieben verdünnen. Wer es süßer mag, kann zusätzlich etwas Reissirup unter den Joghurt heben.

Den Apple Crumble warm mit Vanillejoghurt genießen.

Tipp

Je nach Belieben können die Äpfel durch 2 EL Rosinen oder 2 EL gehackte Datteln ergänzt werden. Die getrockneten Früchte sorgen für zusätzliche Süße. Wer es noch süßer mag, kann die Apfelmischung mit 1 EL Reissirup vermengen.

Bei der Würzung des Crumbles ist der Kreativität keine Grenze gesetzt: Piment, gemahlene Nelken, Kardamom, Orangenzeste oder Ingwer geben diesem Crumble eine individuelle Note.

Breakfast Pancakes

aus Buchweizen

glutenfrei

post HIT

Für 8 Pancakes

Zutaten

Für die Pancakes

150 g	Buchweizenmehl
220 ml	vegane Milch (z.B. Reismilch)
80 g	Apfelmark
1 EL	Leinmehl
1,5 TL	Backpulver
1 TL	Zimt
1 TL	Kokosöl zum Ausbacken
1 Prise	Salz

Topping

Apfelmark
Crunchy Erdnussmus
Bananenscheiben
Sojaquark
Ahornsirup

Zubereitung

Pancakes

Die trockenen Zutaten miteinander vermengen, Apfelmark und Reismilch hinzugeben und mit einem Schneebesen verrühren. 5 Minuten gehen lassen.

Das Kokosöl in einer Pfanne zum Schmelzen bringen.

Mit einem Löffel ca. zwei EL des Teigs in der Pfanne für 2 Minuten pro Seite ausbacken lassen, bis der Pancake von beiden Seiten goldbraun ist.

Topping

Die Pancakes nach Belieben toppen: z.B. mit Apfelmark, Crunchy Erdnussmus, Bananenscheiben und einem Klecks Sojaquark. Oder einfach nur mit Ahornsirup beträufeln.

Tipp

Der Fantasie sind bei den Toppings keine Grenzen gesetzt. Wir passen sie gerne der jeweiligen Saison an. So gibt es unsere Pancakes im Mai mit frischen Erdbeeren, im Sommer mit Himbeeren, Brombeeren und Heidelbeeren und im Herbst mit Zwetschgen, Äpfeln und Birnen. In der kalten Jahreszeit servieren wir die Pancakes am liebsten mit Nüssen und Nussmusen. Wobei letztere eigentlich ganzjährig auf den Tisch kommen, da sie eine hervorragende Quelle für Proteine und gesunde Fette sind.

Aufstriche und Dips

Kidneybohnen Aufstrich

Meal Prep

glutenfrei

high Protein

Zutaten

1	Glas Kidneybohnen
1	kleine Zwiebel
½	rote Chili (frisch)
2 EL	Tomatenmark
1 EL	Balsamico-Essig
1 TL	Currypulver
1 TL	geräuchertes Paprikapulver
1 TL	Salz
¼ TL	Pfeffer

Zubereitung

Zwiebel fein hacken, Chili entkernen und fein hacken.

Kidneybohnen abgießen und mit Wasser in einem Sieb durchspülen, bis sie nicht mehr schäumen.

Tomatenmark, Essig und die Gewürze in einer Schale verrühren. Kidneybohnen in einem Mixer oder mit einem Pürierstab grob pürieren.

Zwiebeln und Chili unterheben und 15 Minuten durchziehen lassen.

Tipp

Schmeckt super zu Gemüsesticks (z.B. Stagensellerie und Karotten), aber auch ganz klassisch auf einer Scheibe frischem Sauerteigbrot.

Dreierlei Hummus

Klassisch, Rote Bete, geröstete Paprika

Meal Prep

glutenfrei

high Protein

Klassisch

250 g	gekochte Kichererbsen
100 ml	Sojamilch
30 g	dunkles Tahin
1	Knoblauchzehe
½ TL	Salz
½ TL	Kreuzkümmel
½	Zitrone (Saft)
½ Bund	Koriander

Zubereitung

Die gekochten Kichererbsen zusammen mit Zitronensaft, Tahin, geschältem Knoblauch und Sojamilch glatt pürieren.

Je nach Konsistenz etwas Wasser hinzufügen.

Mit Salz und Kreuzkümmel würzen und gut verrühren.

Koriander hacken und den Hummus damit toppen.

Rote Bete

250 g	gekochte Kichererbsen
250 g	Rote Bete
50 ml	Sojamilch
30 g	dunkles Tahin
1	Orange (Saft und Abrieb)
1	Knoblauchzehe
2 EL	Olivenöl
½ TL	Salz
½ TL	Kreuzkümmel
½ Bund	glatte Petersilie

Zubereitung

Rote Bete waschen und in kleine Würfel schneiden.

Die Rote Bete Würfel auf ein mit Backpapier ausgelegtes Backblech geben, mit dem Olivenöl vermischen und bei 200 °C Umluft im Backofen für ca. 30 Minuten rösten.

In der Zwischenzeit die Orange heiß abwaschen, ca. ¼ der Orange fein abreiben und zu den Kichererbsen geben. Die Orange auspressen und 2 EL des Saftes ebenfalls zu den Kichererbsen geben.

Rote Bete Würfel auskühlen lassen und im Anschluss zusammen mit Kichererbsen, Tahin, geschältem Knoblauch und Sojamilch cremig pürieren.

Salz und Kreuzkümmel unterrühren und je nach Konsistenz etwas Wasser hinzufügen.

Die Petersilie hacken und den Hummus damit toppen.

Geröstete Paprika

250 g	gekochte Kichererbsen
2	rote Paprika
30 g	dunkles Tahin
1	Knoblauchzehe
50 ml	Sojamilch
2 EL	Olivenöl
½ TL	Salz
½ TL	Kreuzkümmel
½	Zitrone (Saft)

Zubereitung

Paprika waschen, halbieren, entkernen und in Streifen schneiden.

Die Paprikastreifen auf ein mit Backpapier ausgelegtes Backblech geben, mit dem Olivenöl vermischen und bei 200 °C im Backofen für ca. 30 Minuten rösten.

Paprika auskühlen lassen und im Anschluss zusammen mit Kichererbsen, Zitronensaft, Tahin, geschältem Knoblauch, und Sojamilch cremig pürieren.

Salz und Kreuzkümmel unterrühren und je nach Konsistenz etwas Wasser hinzufügen.

Tipp

Die verschiedenen Hummus-Sorten lassen sich auch gut parallel vorbereiten. So könnt ihr Paprika und Rote Bete gemeinsam im Ofen rösten.

Unser Protein-Pfannenbrot (S. 86) und Gemüsesticks (z.B. Karotten, Gurken und Paprika) schmecken dazu besonders gut.

Kakao Aufstrich

Süßer Hummus

Meal Prep

glutenfrei

high Protein

Zutaten

250 g	gekochte Kichererbsen
50 g	Datteln
30 g	Mandelmus
100 ml	Sojamilch
18 g	Kakaopulver
½ TL	Zimt

Sonstiges

heißes Wasser (für die Datteln)

Zubereitung

Datteln mit ca. 50 ml heißem Wasser übergießen und 10 Minuten stehen lassen.

Die gekochten Kichererbsen zusammen mit Sojamilch, Kakaopulver, Mandelmus und Zimt zu den Datteln geben und alles fein pürieren.

Tipp

Den Geschmack des süßen Aufstrichs könnt ihr variieren mit: Orangenzeste, Lebkuchengewürz, Kardamom oder Vanille.

Mit Bananenscheiben getoppt eignet sich der Aufstrich auch auf deinem Sonntagsbrötchen wie zum Beispiel auf unseren Protein Brötchen (S. 38).

Kräuterquark & Zitronenjoghurt

Meal Prep

glutenfrei

high Protein

Kräuterquark

200 g	Sojaquark
1	Knoblauchzehe
20 g	glatte Petersilie
½ TL	Salz
1 TL	Leinöl

Zubereitung

Knoblauch schälen.

Quark, Petersilie, Knoblauch, Salz und Leinöl in ein hohes Gefäß geben und mit einem Stabmixer pürieren.

Tipp

Durch verschiedene Kräuter könnt ihr dem Quark eine individuelle Note verleihen. Frische Kräuter wie Schnittlauch, Koriander und Dill eignen sich hier sehr gut.

Zitronenjoghurt

200 g	Sojajoghurt
½	Zitrone (Saft und Abrieb)
1	Knoblauchzehe
½ TL	Salz
1 TL	Leinöl

Zubereitung

Zitrone heiß waschen, Knoblauch schälen.

Die Hälfte der Zitrone pressen, ca. ¼ der Zitronenschale fein abreiben und in ein Schälchen geben.

Sojajoghurt, Salz und Leinöl zum Zitronensaft und dem Schalenabrieb geben. Knoblauch pressen, ebenfalls dazugeben und mit dem Joghurt verrühren.

Good to Know

Leinöl ist eine hochwertige Quelle für mehrfach ungesättigte Fettsäuren. Da es schnell verderblich ist, solltet ihr es in kleinen Flaschen kaufen und dunkel und kühl lagern. Bei uns findet sich stets eine kleine Flasche Leinöl im Kühlschrank.

Wir lieben Gemüse!

Grünkohlsalat

mit Miso-Dressing

Meal Prep

glutenfrei

high Carb

Für 4 Portionen

Zutaten

Für den Salat

200 g	Buchweizen (gekocht)
100 g	Grünkohl
1	kleiner Radicchio
4 EL	Hefeflocken (glutenfrei)
4 EL	geröstete Walnüsse

Für das Miso-Dressing

4 EL	Olivenöl
2 EL	Orangensaft
2	Knoblauchzehen
2 TL	Miso-Paste
½ TL	Salz
¼ TL	Pfeffer

Zubereitung

Grünkohl und Radicchio waschen, gut trocknen lassen. Grünkohlblätter vom harten Stiel abzupfen und beides fein schneiden.

Knoblauch schälen, fein hacken und mit den restlichen Zutaten für das Dressing vermischen. Über Grünkohl und Radicchio geben und gut einmassieren.

Gekochten Buchweizen unterheben und mit Hefeflocken und gerösteten Walnüssen toppen.

Tipp

Unser schneller Grünkohlsalat schmeckt noch besser, wenn er etwas Zeit zum ziehen hatte.

Ihr könnt den Buchweizen auch durch Quinoa ersetzen.

Um diese Mahlzeit noch etwas proteinreicher zu gestalten, einfach mit unserem Knuspertofu (S. 108) kombinieren.

Rote Bete Salat

Meal Prep

glutenfrei

Für 4 Portionen

Zutaten

2	Rote Bete Knollen (ca. 300 g)
2	kleine Karotten
2	Handvoll Feldsalat
1	kleiner Apfel
1 EL	Leinöl
2 EL	Kürbiskernöl
1,5 EL	Apfelessig
1 EL	Ahornsirup
1 TL	körniger Senf
2 EL	Körnermischung (z.B. Kürbiskerne oder Sonnenblumenkerne)
2 EL	Hefeflocken
	Salz & Pfeffer

Zubereitung

Salat

Feldsalat säubern (ggf. Strunk mitsamt Sand entfernen) und kurz kalt abbrausen, gut abtropfen lassen.

Rote Bete, Karotten und Apfel heiß waschen und in eine großen Schale raspeln.

Körner ohne Fett in einer Pfanne rösten und beiseitestellen.

Dressing

Öl, Essig, Ahornsirup mit Senf verrühren und mit Salz und Pfeffer abschmecken.

Hefeflocken über die Gemüseraspel streuen, Dressing hinzugeben und gut vermengen.

Kurz vor dem Servieren den Feldsalat hinzugeben und vorsichtig unterheben, mit den gerösteten Kernen toppen und direkt servieren.

Tipp

Statt Sonnenblumen- und Kürbiskernen, können auch gut geröstete ki oder Walnüsse als Topping verwendet werden. Das Rösten verleiht den Nüssen und Körnern ein intensives Aroma.

Wir mögen den Rote Bete Salat am liebsten als Beilage zu unseren Grünkernbratlingen (S. 72).

Cole Slaw

Meal Prep

glutenfrei

Für 4 Portionen

Zutaten

½	Weißkohl
2	Karotten
1	kleine Zwiebel
4 EL	Sojajoghurt
1 EL	Apfelessig
1 TL	Reissirup
2 EL	Leinöl
1	Zitrone (Abrieb)
	Salz & Pfeffer

Zubereitung

Salat

Weißkohl, Karotten und Zwiebel mit einer Küchenreibe raspeln oder mit einem Messer sehr fein hobeln. Gemüse in eine große Schale geben.

Zitrone heiß abwaschen, circa die Hälfte der Zitronenschale fein reiben und zum Gemüse geben.

Dressing

Sojajoghurt, Apfelessig, Reissirup, Leinöl, Salz und Pfeffer miteinander verrühren, zum Cole Slaw geben und gut vermengen.

Tipp

Der Cole Slaw schmeckt noch besser, wenn er über Nacht im Kühlschrank durchgezogen ist.

Brokkoli Paprika Salat

mit Räuchertofu

Meal Prep

glutenfrei

high Protein

Für 4 Portionen

Zutaten

Für den Salat

1	Brokkoli
2	rote Paprika
1	Apfel
3 EL	Walnüsse
200 g	Räuchertofu

Für das Dressing

3 EL	Leinöl
2 EL	Apfelessig
1 TL	Ahornsirup
1 TL	Senf
1 TL	Salz
½ TL	Pfeffer
2 EL	Hefeflocken
2 EL	Olivenöl

Zubereitung

Salat

Den Stiel vom Brokkoli schälen und in sehr kleine Würfel schneiden. Den Rest in Röschen hacken. Die Paprika fein würfeln. Den Apfel fein reiben.

Die Walnüsse in einer Pfanne ohne Fett rösten und im Anschluss hacken.

Gemüse in eine große Schüssel geben und mit den Hefeflocken bestreuen.

Dressing

Leinöl, Apfelessig, Ahornsirup, Senf, Salz und Pfeffer verrühren und über das Gemüse geben.

Räuchertofu in kleine Würfel schneiden.

Alles gut vermengen und mit den Walnüssen bestreut servieren.

Tipp

Der Salat schmeckt noch besser, wenn er über Nacht im Kühlschrank durchgezogen ist.

Kürbissuppe

mit Ingwer

Meal Prep

glutenfrei

post HIT

post LIT

high Protein

high Carb

Für einen großen Suppentopf (ca. 6 Portionen)

Zutaten

1	Hokkaido-Kürbis (ca. 700 g)
2	Kartoffeln
2	Zwiebeln
200 g	weiße Bohnen
1	daumengroßes Stück Ingwer
1 TL	Currypulver
¼	frische Chili
850 ml	Gemüsebrühe
2	Knoblauchzehen
1 TL	Salz
2 EL	Kokosöl
2 TL	Kürbiskerne
½ Bund	glatte Petersilie

Zubereitung

Zwiebel schälen und in grobe Stücke schneiden. Kürbis halbieren und mit einem Esslöffel die Kerne entfernen. Kürbis und Kartoffeln in grobe Stücke schneiden. Ingwer fein hacken.

Kokosöl in einen heißen Topf geben. Zwiebelstücke darin 2 Minuten anschwitzen, bis sie glasig sind. Ingwer hinzugeben und 1 Minute weiter braten.

Kürbis und Kartoffeln hinzugeben und das Gemüse 5–6 Minuten weiter unter gelegentlichem Rühren anschwitzen, bis es leicht karamellisiert.

Mit Gemüsebrühe ablöschen.

Knoblauch schälen und zusammen mit grob gehackter Chili und dem Currypulver zum Gemüse geben. Mit Deckel für 15 Minuten auf kleiner Flamme köcheln lassen, bis das Gemüse weich ist. Herd ausstellen.

Petersilie fein hacken.

Weiße Bohnen zum Gemüse hinzugeben und alles mit einem Pürierstab oder im Standmixer pürieren.

Mit Salz und Pfeffer abschmecken. Die Suppe mit der gehackten Petersilie und den Kürbiskernen toppen und servieren.

Tipp

Die Kürbissuppe passt besonders gut in die kalte Jahreszeit. Die hinzugefügten Bohnen machen die Suppe noch sättigender. Kombiniert mit einer Scheibe Sauerteigbrot und knusprigen Räuchertofuwürfeln bleiben keine Wünsche offen.

Minestrone

Meal Prep

glutenfrei

post HIT

post LIT

high Protein

high Carb

Für einen großen Suppentopf (ca. 6 Portionen)

Zutaten

1 kg	gemischtes Gemüse: z.B. Zwiebeln, Fenchel, Karotten, Paprika, Pastinake
200 g	Kichererbsennudeln
2	Dosen Bohnen (z.B. Kidneybohnen und weiße Bohnen)
1	Dose Tomaten (400 g)
1,5 l	Gemüsebrühe
2 EL	Olivenöl
2	Knoblauchzehen
	Pfeffer & Salz

Zubereitung

Gemüse würfeln, vom Fenchel das Grün als Topping für später aufbewahren.

Olivenöl in einen großen heißen Topf geben.

Gemüse unter gelegentlichem Rühren 5 Minuten anbraten.

Knoblauch schälen, fein hacken und zum Gemüse hinzugegeben. Weitere 2 Minuten anbraten.

Die Tomatendose sowie die Gemüsebrühe zum Gemüse hinzugeben, aufkochen lassen und mit geschlossenem Deckel weitere 15 Minuten auf kleiner Flamme köcheln lassen.

Nun die Bohnen sowie die Kichererbsennudeln hinzugeben und für weitere 5 Minuten kochen lassen, bis die Nudeln bissfest gegart sind.

Die Minestrone mit Salz und Pfeffer abschmecken und mit gehacktem Fenchelgrün toppen.

Tipp

Ihr könnt die Minestrone auch mit Hartweizennudeln zubereiten, dann einfach die entsprechende Kochzeit beachten.

Dieses schnelle Gericht eignet sie sich super für eine Verwertung von übrig gebliebenem Gemüse.

Hülsenfruchtnudeln sind aus unserem Haushalt nicht mehr wegzudenken. Die Zubereitungszeit ist deutlich kürzer als bei Nudeln aus Getreide und der Proteingehalt ist um einiges höher.

Hauptspeisen

Grünkern Bratlinge

Meal Prep

high Protein

post HIT

post LIT

Für 10 Bratlinge

Zutaten

150 g	Grünkernschrot
100 g	feine Haferflocken
200 ml	heiße Gemüsebrühe
2	Pastinaken
1	Karotte
1	Zwiebel
10 g	glatte Petersilie
1 EL	Leinmehl
1 TL	geräuchertes Paprikapulver
2 EL	Olivenöl
1 TL	Salz
½ TL	Pfeffer

Zubereitung

Grünkernschrot mit Haferflocken und Leinmehl in einer Schüssel vermischen.

Mit heißer Gemüsebrühe übergießen, gut vermengen und mit geschlossenem Deckel 15 Minuten durchziehen lassen.

In der Zwischenzeit Karotte und Pastinake grob raspeln, Zwiebel fein würfeln und Petersilie hacken.

Das Gemüse und die Petersilie zur Grünkernmasse hinzugeben. Salz, Paprikapulver und Pfeffer hinzufügen und mit nassen Händen zu einem gleichmäßigen Teig vermengen.

Aus dem Teig 10 gleich große Bratlinge formen.

Olivenöl in heiße Pfanne geben und die Bratlinge ca. 5 Minuten je Seite goldbraun ausbacken.

Mit einem grünem Salat und unserem Kräuterquark (S. 54) genießen.

Good to Know

Grünkern ist halbreif geernteter Dinkel und hat einen besonders nussig-herzhaften Eigengeschmack.

Rote Bete Burger

Meal Prep

glutenfrei

high Protein

post HIT

post LIT

Für 8 Burger

Zutaten

Für die Patties

220 g	gekochte Kidneybohnen
150 g	Champignons
100 g	Haferflocken (glutenfrei)
100 g	rohe Rote Bete
1	kleine rote Zwiebel
1 TL	Leinmehl
1 TL	Flohsamenschalen
1 TL	Thymian
½ TL	geräuchertes Paprikapulver
5	Tropfen Liquid Smoke
3 EL	Sojasoße
1 TL	Salz
4 EL	Olivenöl

Für die Burger

3	Tomaten
3	Gewürzgurken
1	Salatgurke
100 g	saisonaler Salat
200 ml	Cashewsoße (S. 108)
8	Scheiben Sauerteigbrot (S. 36)

Zubereitung

Patties

Champignons fein würfeln, einen Esslöffel Olivenöl in eine heiße Pfanne geben und die Champignons ca. 5 Minuten bei mittlerer Hitze braten. Mit Sojasoße ablöschen.

Die Kidneybohnen zusammen mit den Haferflocken, Leinmehl, Flohsamenschalen und den Gewürzen grob pürieren.

Die Zwiebel und die Rote Bete fein raspeln und mit den gebratenen Champignons zur Pattymasse hinzugeben und gut vermengen.

8 Patties formen und mit dem restlichen Olivenöl in einer Pfanne für ca. 4 Minuten pro Seite bei mittlerer Hitze anbraten.

Burger

Tomaten, Gewürzgurken und Salatgurke in Scheiben schneiden.

Sauerteigbrot aufschneiden und Scheiben toasten.

Getoastetes Brot mit etwas Cashewsoße, Patties, Salat, Tomaten- und Gurkenscheiben belegen.

Tipp

Dazu passen unsere Kartoffelwürfel und die Soße aus dem Rezept Knuspertofu mit Kartoffelwürfel (S. 108).

Wer dieses Rezept komplett glutenfrei gestalten möchte, verwendet glutenfreie Haferflocken und wählt die Protein Brötchen als Burger Buns (S. 38)

Spaghetti Carbonara

high Protein

high Carb

post HIT

post LIT

Zutaten

400 g	Seidentofu
250 g	Vollkornspaghetti (o. glutenfreie Linsennudeln)
200 ml	Sojamilch
100 g	Räuchertofu
2 EL	Hefeflocken
2 EL	Olivenöl
1 TL	Kala Namak
1	Knoblauchzehe
1 TL	Salz
½ TL	Pfeffer
¼ TL	Kurkumapulver
½ Bund	glatte Petersilie

Zubereitung

Nudeln in einem großen Topf mit reichlich Wasser bissfest kochen, abgießen und tropfnass im Topf warm halten.

Räuchertofu in ca. 1 cm kleine Würfel schneiden. Petersilie fein hacken.

Olivenöl in eine heiße Pfanne geben, Tofuwürfel hinzugeben und von allen Seiten ca. 5–6 Minuten knusprig anbraten.

Für die Soße Sojamilch und Seidentofu mit einem Schneebesen verquirlen. Knoblauchzehe schälen und pressen, Hefeflocken, Kala Namak, gehackte Petersilie und eine kleine Prise Kurkumapulver (für die Farbe) hinzufügen.

Soße zu den tropfnassen Nudeln geben und 2 Minuten ziehen lassen. Mit Salz und Pfeffer abschmecken und mit knusprigen Tofuwürfel servieren.

Tipp

Wir servieren gerne einen frischen Blattsalat zu den Spaghetti Carbonara.

Wer eine Extraportion Proteine möchte, kann die Vollkornspaghetti auch durch Linsen-Tagliatelle ersetzen. Aber auch mit Vollkornnudeln strotzt dieses Rezept, dank des Tofus und der Sojamilch, nur so vor Proteinen.

Lasagne

post HIT

post LIT

high Protein

high Carb

Für 8 Stücke

Zutaten

Für die Bolognesesoße

200 g	Naturtofu
2	Karotten
2	Stangen Sellerie (oder 1/2 Fenchelknolle)
2	Zwiebeln
3	Knoblauchzehen
2	Dosen Tomaten (400 g)
50 ml	Rotwein
1 TL	Gemüsebrühepulver
1 TL	Oregano
1 TL	Thymian
3 EL	Sojasoße
2 EL	Ahornsirup
6 EL	Olivenöl
4 EL	Tomatenmark
	Salz & Pfeffer

Für die Béchamelsoße

300 ml	Sojamilch
60 g	Cashewkerne (über Nacht in Wasser eingeweicht) (oder Cashewmus)
1	Knoblauchzehe
3 EL	Hefeflocken
1 TL	Salz
30 g	vegane Margarine
30 g	Vollkornmehl

Sonstiges

½ Bund	glatte Petersilie
9	Vollkorn-Lasagne-Platten

Zubereitung

Bolognesesoße

Den Tofu gut abtropfen lassen und mit einem Küchentuch abtupfen.

2 EL Olivenöl in heiße Pfanne geben. Tofu mit den Händen in kleine Stückchen zerbröseln oder alternativ mit der Gabel zerdrücken und in die Pfanne geben.

Ca. 10 Minuten bei mittlerer Hitze goldbraun anrösten. Mit Sojasoße ablöschen. Herd ausstellen und die Pfanne beiseite stellen.

Karotten, Sellerie und Zwiebeln fein würfeln.

2 EL Olivenöl in großen heißen Topf geben. Gemüse hinzufügen und 4 Minuten anrösten.

Tomatenmark hinzufügen und unter gelegentlichem Rühren 2 Minuten karamellisieren lassen. Knoblauch schälen und pressen und mit Ahornsirup, Tofu und Kräutern hinzufügen.

Gut durchrühren, Gemüsebrühepulver in Rotwein auflösen und zusammen mit gestückelten Tomaten ablöschen.

Mindestens 30 Minuten einkochen lassen und im Anschluss mit Salz und Pfeffer abschmecken. (Je länger die Soße einkocht, desto würziger wird sie.)

Béchamelsoße

Cashewkerne mit Hefeflocken, geschälten Knoblauch, Salz und Sojamilch im Standmixer pürieren.

Vegane Margarine in einem Topf schmelzen, Vollkornmehl nach und nach hinzugeben und kurz anrösten.

Mit dem pürierten Cashewgemisch ablöschen und unter Rühren aufkochen lassen. Ca. 3 Minuten weiter köcheln lassen. Dann beiseite stellen.

Zusammensetzung

Eine Auflaufform mit 2 EL Olivenöl fetten. Nun im Wechsel erst die Tomatensoße, dann die Béchamelsoße und dann die Lasagneplatten übereinander schichten. Diesen Schritt drei Mal wiederholen und mit einer Schicht Béchamelsoße beenden.

Die Lasagne bei 200 °C Ober-/Unterhitze ca. 50 Minuten backen.

Petersilie hacken und die Lasagne mit gehackter Petersilie bestreuen.

Muschelnudeln

mit Grünkohl-Frischkäse

post HIT

post LIT

high Protein

high Carb

Tipp

Als Alternative zum winterlich saisonalen Grünkohl, könnt ihr auch Mangold oder Spinat verwenden. Bei Tiefkühl-Spinat empfiehlt es sich, den Spinat früh aus dem Tiefkühler zu nehmen, sodass die überschüssige Flüssigkeit vorher abtauen kann.

Anstelle der Mandeln und Sonnenblumenkerne könnt ihr 200 g fertigen veganen Frischkäse verwenden.

Den Muschelnudelauflauf könnt ihr auch mit unserem veganen Parmesan toppen und überbacken und den Rucola gegen Basilikum austauschen.

Zutaten

400 g	große Conchiglioni
20 g	Rucola

Für den Grünkohl-Frischkäse

300 g	Grünkohl
250 g	Räuchertofu
50 g	Mandeln
50 g	Sonnenblumenkerne
3 EL	Hefeflocken
½	Zitrone (Saft und Abrieb)
1	Prise Salz

Für die Tomatensoße

800 g	Tomaten (frisch oder aus der Dose)
2	Zwiebeln
2	Knoblauchzehen
2 EL	Olivenöl
1 TL	Fenchelsamen
3 EL	Tomatenmark
1 EL	Reissirup
1	getrocknete Chili
1 TL	Salz

Zubereitung

Sonnenblumenkerne und Mandeln mit Wasser übergießen und einige Stunden (am besten über Nacht) einweichen lassen.

Einen großen Topf Salzwasser aufsetzen und die Conchiglioni ca. 10 Minuten al dente kochen, aus dem Wasser nehmen und gut abtropfen lassen.

Den Grünkohl grob hacken und für 2 Minuten im heißen Pastawasser blanchieren. Im Anschluss abgießen und in einem Sieb gut abtropfen lassen.

Tomatensoße

Olivenöl in einen heißen Topf geben. Zwiebeln fein hacken, Knoblauch schälen und pressen und beides im Öl ca. 2 Minuten glasig dünsten.

Die Fenchelsamen und die getrocknete Chili mörsern und zusammen mit Tomatenmark, Reissirup und Salz zu den Zwiebeln in den Topf geben. Unter gelegentlichem Rühren 3 Minuten karamellisieren lassen.

Mit gestückelten Tomaten ablöschen, aufkochen und mit geschlossenem Deckel ca. 3 Minuten einkochen lassen.

Grünkohl-Frischkäse

Den Räuchertofu in grobe Würfel schneiden oder zerbröseln. Zitronenschale fein abreiben und zum Tofu geben.

Das Einweichwasser der Mandeln und Sonnenblumenkerne abgießen. Mandeln und Sonnenblumenkerne zusammen mit Hefeflocken, Salz und Zitronensaft zum Tofu geben und pürieren.

Die pürierte Masse mit dem abgetropften Grünkohl und der Zitronenzeste vermengen.

Zusammensetzung

Die Tomatensoße in eine Auflaufform geben.

Nudeln mit dem Grünkohl-Frischkäse füllen und nacheinander in die Soße setzen.

Den Auflauf bei 180 °C Ober-/Unterhitze für ca. 20 Minuten backen.

Rucola grob hacken und den Auflauf getoppt mit Rucola servieren.

Bohnen Bolognese

Meal Prep

glutenfrei

post HIT

post LIT

high Protein

high Carb

Für 4 Portionen

Zutaten

100 g	Champignons
2	Karotten
2	Stangen Sellerie
1	Zwiebel
1	Dose Tomaten (400 g)
1	Dose schwarze Bohnen
1	Lorbeerblatt
2 EL	Tomatenmark
4 EL	Olivenöl
2 TL	Salz
2	Knoblauchzehen
200 ml	Gemüsebrühe
100 ml	Rotwein
2 TL	Reissirup
½ TL	Rosmarin
½ TL	Oregano
½ TL	Thymian
2 EL	Hefeflocken

Sonstiges

500 g	Vollkornspaghetti (o. glutenfreie Linsennudeln))

Zubereitung

Sellerie, Champignons, Karotten und Zwiebel in 0,5 cm kleine Würfel schneiden.

Olivenöl in einen großen heißen Topf geben. Gemüse darin ca. 10 Minuten unter gelegentlichem Rühren anrösten.

Tomatenmark und Reissirup hinzugeben und 2 Minuten karamellisieren. Ab und zu umrühren.

Mit Wein, Gemüsebrühe und Tomaten ablöschen.

Knoblauch schälen, pressen und zusammen mit den Bohnen und den Gewürzen in den Topf geben. Gut verrühren, aufkochen lassen und für ca. 30 Minuten einkochen lassen.

Mit Vollkornnudeln servieren und mit Hefeflocken bestreuen.

Tipp

Alternativ zu Vollkornspaghetti kann die Bolognese auch mit Linsen-, Kichererbsennudeln, oder aber klassischen Hartweizennudeln serviert werden. Die Bolognese-Leftovers essen wir auch gerne zu unserem Ofengemüse.

Protein-Pfannenbrot

mit Dinkelvollkornmehl

Meal Prep

post HIT

post LIT

high Protein

high Carb

Für 4 Pfannenbrote

Zutaten

250 g	Dinkelvollkornmehl
200 g	Sojajoghurt
2 TL	Backpulver
2 EL	Sesam
1 EL	Olivenöl
1	Prise Salz

Zubereitung

Alle Zutaten in einer Schüssel miteinander vermengen und mit den Händen zu einem gleichmäßigen Teig kneten.

Den Teig in 4 gleich große Kugeln teilen und mit den Händen platt drücken. Öl in eine heiße Pfanne geben. Die Fladen in die Pfanne geben, die obere Seite mit etwas Öl einpinseln und mit Sesam bestreuen. Nach ca. 3 Minuten das Pfannenbrot wenden und die andere Seite ebenfalls 3 Minuten ausbacken.

Mit Hummus (S. 50), Kräuterquark oder Zitronenjoghurt (S. 54) servieren.

Tipp

Frisch gehackte Kräuter im Teig können dem Pfannenbrot eine individuelle Note geben. Wir können Rosmarin, Thymian und Oregano empfehlen.

Kichererbsenfladen

mit Tomatensalsa

Meal Prep

glutenfrei

post HIT

post LIT

high Protein

high Carb

Für 4 Kichererbsenfladen

Zutaten

Für die Fladen

200 g	Kichererbsenmehl
400 ml	Wasser
1 EL	Leinmehl (oder geschrotete Leinsamen)
1 TL	Kala Namak
1 TL	Ras El Hanout
2 EL	Sesamöl
½ Bund	glatte Petersilie

Für die Tomatensalsa

400 g	Tomaten (frisch oder aus der Dose)
1	rote Zwiebel
2	Knoblauchzehen
1	frische Chili
2 EL	Olivenöl
1 EL	Ahornsirup
½ TL	Kreuzkümmel
½ TL	geräuchertes Paprikapulver
	Salz & Peffer
½ Bund	glatte Petersilie oder Koriander (gehackt)
½	Limette (Saft ausgepresst)

Zubereitung

Kichererbsenfladen

Petersilie fein hacken.

Kichererbsenmehl mit Leinmehl bzw. geschroteten Leinsamen, gehackter Petersilie, Kala Namak und Ras El Hanout vermischen.

Mit dem Wasser verquirlen und 15 Minuten quellen lassen.

Sesamöl in eine heiße Pfanne geben und die zwei Fladen bei mittlerer Hitze pro Seite 5 Minuten ausbacken lassen.

Tomatensalsa

Zwiebel und Knoblauch schälen und fein hacken, Chili halbieren und nach belieben ein paar Kerne entfernen oder mit der Chili fein hacken. (Je mehr Chilikerne desto schärfer wird die Salsa).

Olivenöl in einen kleinen Topf geben, Zwiebel, Knoblauch und Chili darin anbraten. Nach ca. 5 Minuten den Ahornsirup hinzugeben und karamellisieren.

Tomaten in der Zwischenzeit würfeln und zu den Zwiebeln in den Topf geben. Mit Kreuzkümmel, Paprikapulver, Salz und Pfeffer würzen und abgedeckt 5–10 Minuten auf niedrigster Flamme köcheln lassen.

Vollständig abkühlen lassen und vor dem Servieren frische Kräuter und Limettensaft unterrühren.

Tipp

Bei der Würzung der Fladen habt ihr alle Freiheiten; Verfeinere die Fladen mit Schwarzkümmelsamen, Sesam oder Currypulver. Statt Petersilie könnt ihr auch Koriander oder Schnittlauch verwenden.

Buchweizen-Sauerkraut-Pancakes

mit Pilzen und Kräuterquark

glutenfrei

post HIT

post LIT

high Protein

high Carb

Für 4 Portionen

Zutaten

Für die Pancakes

250 g	Buchweizenmehl
400 g	Frischkost–Sauerkraut (abgetropft)
400 ml	Sojamilch
1 EL	Leinmehl
1 EL	Wasser
1 TL	Salz
½ TL	Pfeffer
4 EL	Bratöl

Für die Pilze

400 g	Champignons
2	Zwiebeln
1 EL	Olivenöl
1 TL	Kala Namak

Sonstiges

300 g	Kräuterquark (S. 54)

Zubereitung

Pancakes

Leinmehl mit Wasser mischen und beiseitestellen. Mehl, Sauerkraut, Sojamilch, Leinmehl, Salz und Pfeffer verrühren und beiseitestellen. Öl in einer Pfanne erhitzen, dann den Teig mit einem Esslöffel portionsweise in die Pfanne geben. Von beiden Seiten braten, bis sie goldbraun sind. Im Ofen warmhalten.

Pilze

Zwiebeln fein würfeln und Pilze grob hacken. Öl in eine heiße Pfanne geben. Zwiebeln bei mittlerer Hitze 2–3 Minuten glasig dünsten, Pilze hinzugeben und für 5–6 Minuten braten. Mit Kala Namak würzen.

Pancakes zusammen mit dem Pilzgemüse und Kräuterquark servieren.

Für den Extra-Protein-Boost

200 g Räuchertofu in kleine Würfel schneiden. 2 EL Olivenöl in eine heiße Pfanne geben und die Tofuwürfel braten, bis alle Seiten schön kross sind.

Herzhafte Linsenwaffeln

mit Kräuterquark

Meal Prep

glutenfrei

post HIT

post LIT

high Protein

high Carb

Für 4 Waffeln

Zutaten

Für die Waffeln

150 g	rote Linsen (roh)
175 ml	Wasser
½ TL	Koriandersamen (gemahlen)
½ TL	Kreuzkümmel
1	Knoblauchzehe (geschält)
	Salz & Pfeffer

Sonstiges

3 EL	Sonnenblumenöl
300 g	Kräuterquark (S. 54)

Zubereitung

Rote Linsen waschen, bis das Spülwasser klar ist.

Anschließend die Linsen mit Wasser und den übrigen Zutaten in ein hohes Gefäß geben und fein pürieren.

Waffeleisen vorheizen und gut mit Sonnenblumenöl einpinseln.

Ca. 2 EL Linsenteig in das heiße Waffeleisen geben und auf kleiner Stufe 4–5 Minuten ausbacken.

Mit Kräuterquark und einem frischen grünen Blattsalat servieren.

Tipp

Wer kein Waffeleisen zur Hand hat, kann den Teig auch in der Pfanne zu Pancakes ausbacken.

Good to Know

Wenn wir die Zeit haben, weichen wir Hülsenfrüchte vor dem Zubereiten gerne ein, um die Bekömmlichkeit zu verbessern. Für dieses Rezept würden wir die Linsen erst durchspülen und dann einweichen. Das Einweichwasser gießen wir ab und fügen frisches Wasser zum Pürieren hinzu. Der Wasseranteil reduziert sich entsprechend, da die Linsen sehr viel Wasser aufnehmen.

Quiche vom Blech

Meal Prep

post HIT

post LIT

high Protein

high Carb

Für 1 Blech mit 9 Stücken

Zutaten

Für den Teig

300 g	Dinkelvollkornmehl
125 g	Sojaquark
100 ml	Sojamilch
4 g	Backpulver
4 EL	Olivenöl
1 TL	Apfelessig
¼ TL	Salz

Für die Füllung

200 g	Naturtofu
150 g	Brokkoli (nur die Röschen)
150 g	Karotten
125 g	Sojaquark
20 g	Miso-Paste
20 g	Senf
20 g	Hefeflocken
2	Knoblauchzehen
1½ TL	Salz
½	Zitrone (Saft)
½ EL	Olivenöl
¼ TL	Muskatnusspulver

Zubereitung

Teig

Mehl, Backpulver und Salz miteinander vermengen.

Sojaquark, Sojamilch, Öl und Essig hinzugeben und mit einem Löffel locker vermengen.

Mit den Händen kurz verkneten, bis ein gleichmäßiger Teig entstanden ist.

Den Teig in ein Gefäß luftdicht verpacken und für 20 Minuten in den Kühlschrank stellen.

Füllung

Brokkoliröschen in ca. 1 cm kleine Stücke schneiden, die Karotten raspeln.

Tofu, Sojaquark, Miso-Paste, Senf, Salz, Muskatnusspulver, geschälte Knoblauchzehen, Olivenöl und Zitronensaft im Standmixer oder mit einem leistungsfähigen Pürierstab pürieren. Brokkoli, Karotten und Hefeflocken im Anschluss unterheben.

Backen

Backofen auf 175 °C Umluft vorheizen.

Den Teig aus dem Kühlschrank nehmen und auf einem eingefetteten oder mit Backpapier ausgelegtem Backblech ausrollen oder mit den Händen flach drücken auf eine Größe von etwa 25 x 25 cm. Den Teig mit den Fingern am Rand leicht hochziehen.

Boden mehrfach mit einer Gabel einstechen.

Die Füllung auf den Teig geben und gleichmäßig verteilen. 25–30 Minuten backen.

Tipp

Wer es gerne nussiger mag, kann die Quiche vor dem Backen mit veganem Käse oder nach dem Backen mit unserem Parmesan (S. 24) bestreuen.

Bei der Gemüsewahl sind der Kreativität keine Grenzen gesetzt. Eine Kombination aus Pilzen und Karotten schmeckt genauso köstlich wie eine Mischung aus getrockneten Tomaten und Frühlingszwiebeln. Probiert es aus!

Die weltbeste Pizza

post HIT

high Carb

Tipp

Anstelle der Cashewcreme könnt ihr auch einen veganen Käse eurer Wahl nehmen.

Der Pizzabelag kann je nach Geschmack variiert werden: Getrocknete Tomaten, Oliven, Pistazien, getoppt mit frischem Basilikum, probiert es aus.

Besonders hervorragend eignet sich auch Trüffelöl.

Für 6 Pizzen

Zutaten

Für den Teig

1 kg	Weizenmehl Tipo 00 (Empfehlung Caputo Cuoco) mind. 12 % Eiweißgehalt
2 g	frische Hefe
600 ml	kaltes Wasser
15 g	Olivenöl
25 g	Salz
Etwas	Semola/ Griess z.B. von Caputo

Für den Belag

2	Dosen San Marzano Tomaten z.B. von Mutti
150 g	Champignons
150 g	Cherrytomaten
1	Aubergine
1	Zucchini
1 TL	Salz
2 EL	Olivenöl
100 g	Rucola
2 EL	Chili-Knoblauch-Öl

Cashewcreme (optional)

100 g	Cashewmus
5 EL	Hefeflocken
50 ml	Sojamilch
½	Zitrone (Saft)

Zubereitung

Teig

Das Mehl in eine große Schüssel geben. 550 g Wasser dazugeben und grob vermengen. Beiseitestellen.

Hefe in 50 ml Wasser auflösen.

Unter ständigem Kneten erst das Wasser-Hefe-Gemisch, dann Öl und Salz dazugeben.

Den Teig 5–10 Minuten durchkneten. (Optimalerweise mit Küchengerät mit Knethaken.)

Die Teigschüssel mit einem feuchten Geschirrtuch abdecken und für 4–6 Stunden (oder über Nacht) an einem warmen Ort gehen lassen.

Den Teig in 6 gleich große Kugeln formen. Falls der Teig sehr klebrig ist, geht dies mit der Zugabe von Mehl etwas einfacher.

Grieß auf einen Teller streuen, die fertigen Teiglinge darauflegen und weitere 30 Minuten gehen lassen.

Im Anschluss an die Gehzeit die Teiglinge mit den Händen in die gewünschte Pizzaform ziehen. Nicht kneten oder Teigrollen verwenden.

Den Backofen auf 250 °C Ober-/Unterhitze vorheizen, einen Pizzastein auf die mittlere Schiene geben. (Wenn ihr eine Pizzastufe in eurem Backofen habt, könnt ihr diese gerne verwenden.)

Belag

Die Champignons und Aubergine in dünne Scheiben schneiden, Cherrytomaten halbieren, die Zucchini in 1 cm große Würfel schneiden. Mit 2 EL Olivenöl vermengen und für 15 Minuten bei 175 °C Umluft im Ofen backen.

Die San Marzano Tomaten in einem Sieb abtropfen lassen.

Den Rohteig auf Backpapier legen und das überschüssige Backpapier rundherum abschneiden.

Die San Marzano Tomaten mit den Händen zupfen und auf den Teig geben.

Cashewcreme

Cashewmus mit Zitronensaft, Sojamilch und Hefeflocken verrühren.

Den Teig mit Gemüse belegen und mit Cashewcreme beträufeln und für ca. 12–15 Minuten ausbacken. (Da die Öfen sich stark unterscheiden, backt ihr die Pizza am besten solange, bis der Rand ganz leicht gebräunt ist.)

Mit Rucola und Chili-Knoblauch-Öl getoppt servieren.

Gelbes Curry

mit selbstgemachter Currypaste und Seitan

Meal Prep

post HIT

post LIT

high Protein

high Carb

Für 4 Portionen

Zutaten

Für den Seitan

300 g	Seitan (S. 20)
6 EL	Sojasoße
3 EL	Erdnussmus
2 EL	Sesamöl
1 TL	Reissirup
1 Msp	Chiliflocken

Für das Gemüse

3 EL	Gelbe Currypaste (S. 22)
1	Brokkoli
½	Kürbis (ca. 500 g)
1	Paprika
2	Kartoffeln
1	Zwiebel
200 ml	Kokosmilch
200 ml	Gemüsebrühe
¼ Bund	Koriander

Sonstiges

	Naturreis

Zubereitung

Seitan

Den Seitan in mundgerechte Stücke schneiden oder zupfen.

Sesamöl in heiße Pfanne geben und die Seitanstückchen auf mittlerer Hitze 5 Minuten anbraten, bis sie schön knusprig sind. Herdplatte auf kleine Stufe stellen.

Erdnussmus und Reissirup hinzugeben und unter Rühren 2–3 Minuten karamellisieren lassen.

Mit Sojasoße ablöschen und Chiliflocken würzen.

Gemüse

Die Zwiebel in feine Streifen schneiden. Kartoffel und Kürbis in 2 cm große Würfel, Brokkoli und Paprika in mundgerechte Stücke schneiden.

2 EL Kokosmilch mit der Currypaste in heißen Topf geben und unter Rühren 2 Minuten anbraten. Zwiebel hinzugeben und weitere 2 Minuten unter Rühren braten.

Nun das übrige Gemüse in den Topf geben, 2 Minuten unter Rühren anrösten und mit der restlichen Kokosmilch und Gemüsebrühe ablöschen. 10 Minuten mit geschlossenem Deckel leicht köcheln lassen und gelegentlich umrühren. Den Koriander in der Zwischenzeit fein hacken.

Mit Naturreis, Seitan und frisch gehacktem Koriander servieren.

Anmerkungen

Bei uns kommen Currygerichte auf den Tisch, wenn es schnell gehen muss und genug für den nächsten Tag übrig bleiben soll.

Damit dieses Rezept ein schnelles Gericht wird, ist etwas Vorarbeit nötig. Die Currypaste und der Seitan gehören bei uns als Basics in den Kühlschrank. Diese bereiten wir gewöhnlich am Wochenende vor.

Am Kochtag selbst, muss so nur noch der Reis und das saisonale Gemüse zubereitet werden.

Grünes Curry

mit selbstgemachter Currypaste und Tempeh

Meal Prep

glutenfrei

post HIT

post LIT

high Protein

high Carb

Für 4 Portionen

Zutaten

Für das Tempeh

200 g	Tempeh
4 EL	Sojasoße
2 EL	Kokosöl
2 EL	Erdnussmus
1 TL	Reissirup
1 Msp	Chiliflocken

Für das Gemüse

3 EL	grüne Currypaste (S. 22)
200 ml	Kokosmilch
150 ml	Gemüsebrühe
1	rote Zwiebeln
150 g	Brokkoli
100 g	Pilze
100 g	Kohl (z.B. Grünkohl)
1	Paprika (gelb o. grün)
¼ Bund	Koriander

Sonstiges

	Reis

Zubereitung

Tempeh

Tempeh in kleine Stücke schneiden.

Kokosöl in eine heiße Pfanne geben und den Tempeh auf mittlerer Hitze ca. 5 Minuten rundherum braten, bis er schön knusprig ist.

Herdplatte auf kleinste Stufe stellen, Erdnussmus und Reissirup hinzugeben und unter Rühren 2–3 Minuten karamellisieren lassen.

Mit Sojasoße ablöschen und mit Chiliflocken würzen.

Gemüse

Die Zwiebel in feine Streifen schneiden. Brokkoli und Paprika in mundgerechte Stücke schneiden, Pilze je nach Größe halbieren oder vierteln, den Kohl in dünne Streifen schneiden.

2 EL Kokosmilch mit der Currypaste in einen heißen Topf geben und unter Rühren 2 Minuten anbraten. Zwiebel hinzugeben und weitere 2 Minuten unter Rühren anbraten.

Nun das übrige Gemüse, bis auf den Kohl, in den Topf geben und mit Kokosmilch und Gemüsebrühe ablöschen. 10 Minuten mit geschlossenem Deckel leicht köcheln lassen und gelegentlich umrühren. Den Koriander in der Zwischenzeit fein hacken.

Den Herd ausstellen, Kohl hinzugeben, unterheben und für weitere 2 Minuten mit geschlossenem Deckel durchziehen lassen.

Mit Naturreis, Tempeh und frisch gehacktem Koriander servieren.

Anmerkungen

Das Gemüse kann je nach Geschmack ausgetauscht werden. Besonders gut passen hier grüne Gemüsesorten wie z.B. Grüne Bohnen, Erbsen, Zucchini oder auch andere Kohlsorten wie Pak Choi und Mangold.

Reisnudeln

mit Gemüse und glasiertem Tofu

Meal Prep

glutenfrei

post LIT

high Protein

Good to Know

Reisnudeln sind leicht verdaulich, weshalb sich dieses Gericht auch gut als Mittagessen vor einer abendlichen Sporteinheit anbietet.

Zutaten

Für die Nudeln

250 g	Reisnudeln

Für den Tofu

200 g	Naturtofu
1 EL	Sesamöl
1½ TL	Tahin
1 TL	Reissirup
2 EL	Sojasoße
1 Msp	Chiliflocken

Für das Gemüse

1	Brokkoli (ca. 300g)
1	Paprika
1	kleine Zwiebel
2	Knoblauchzehen
1	Karotte
1	daumengroßes Stück Ingwer
4 EL	Sojasoße
1 Msp	Chiliflocken
2 EL	Sesamöl
1 EL	Erdnussmus
½ Bund	Koriander
2 EL	geröstete & gesalzene Erdnüsse

Zubereitung

Nudeln

Reisnudeln in reichlich Wasser 2 Minuten kochen, anschließend abgießen, 150 ml Nudelwasser auffangen. Reisnudeln mit kaltem Wasser durchspülen, damit sie nicht zusammenkleben. Die abgegossenen Nudeln im Topf warm halten.

Tofu

Den Tofu mit einem Küchenpapier abtupfen und in 2 cm große Würfel schneiden.

Sesamöl in eine heiße Pfanne geben und den Tofu von allen Seiten ca. 3–4 Minuten anbraten, sodass er außen schön knusprig und innen weich ist.

Tahin und Reissirup hinzugeben, unterrühren und 2 Minuten karamellisieren lassen. Dabei darauf achten, dass der Tofu nicht anbrennt.

Mit Sojasoße ablöschen, von der Platte nehmen und mit Chiliflocken würzen.

Gemüse

Zwiebel in Streifen schneiden, Ingwer fein hacken.

Paprika und Karotten in feine Stifte schneiden. Brokkoliröschen in mundgerechte Stücke schneiden, Brokkolistiel schälen und in Würfel schneiden.

Sesamöl in eine große heiße Pfanne geben. Zwiebel mit Ingwer ca. 2–3 Minuten bei mittlerer Hitze anschwitzen. Brokkoli und Karotten hinzugeben und 3 Minuten anbraten.

In der Zwischenzeit die Knoblauchzehen schälen, pressen und zusammen mit der Sojasoße, Erdnussmus und den Chiliflocken zum aufgefangenen Nudelwasser geben und alles gut verquirlen.

Paprika in die Pfanne geben und kurz weiter braten.

Das Gemüse mit der Soße ablöschen und abgedeckt ca. 5 Minuten köcheln lassen.

Die warmgehaltenen Reisnudeln zu dem Gemüse in die Pfanne geben und gut unterheben.

Koriander fein hacken und die Nudeln mit Koriander und Erdnüssen getoppt servieren.

Kidneybohnen Eintopf

mit Hirse

Meal Prep

glutenfrei

post HIT

post LIT

high Carb

Für 4 Portionen

Zutaten

Für den Eintopf

400 g	Tomaten (frisch oder aus der Dose)
250 g	Kidneybohnen (gekocht)
1	große Zwiebel
2 EL	Erdnussmus
2	Knoblauchzehen
1 ½ TL	Kreuzkümmel
1 Msp	Chiliflocken
1 EL	Erdnussöl
1 EL	Reissirup
½ Bund	glatte Petersilie

Für die Hirse

250 g	Hirse
1	Sternanis
2	Kardamomkapseln

Zubereitung

Hirse

Hirse in einem Sieb waschen und mit der doppelten Menge Wasser in einen Topf geben. Kardamomkapseln und Sternanis hinzufügen und aufkochen lassen. Die Hirse ca. 5 Minuten köcheln lassen, Herd ausstellen und abgedeckt 15 Minuten quellen lassen.

Kidneybohneneintopf

Zwiebel in kleine Würfel schneiden, Tomaten grob würfeln.

Erdnussöl in einen heißen Topf geben und die Zwiebelwürfel darin 2 Minuten glasig dünsten. Erdnussmus, Reissirup und Kreuzkümmel hinzugeben und unter Rühren kurz karamellisieren. Gehackte Tomaten bzw. Tomaten aus der Dose hinzugeben und 4 Minuten köcheln lassen.

Knoblauchzehen hacken, pressen und mit den Bohnen und Chiliflocken zum Eintopf geben. Mit Salz abschmecken. Herd ausstellen und den Eintopf mit geschlossenem Deckel weitere 2 Minuten ziehen lassen.

Den Eintopf mit der Hirse und gehackter Petersilie getoppt servieren.

Tipp

Im Sommer nutzen wir für den Kidneybohnen Eintopf frische Tomaten, während wir im Winter auf gehackte Tomaten aus der Dose zurückgreifen, da diese dann die aromatischere Wahl sind.

Als Topping können wir auch gehackte Erdnüsse und einen Klecks Sojajoghurt empfehlen.

Paprika Chili sin Carne

Meal Prep

glutenfrei

post HIT

post LIT

high Protein

high Carb

Für 4 Portionen

Zutaten

400 g	Hokkaido-Kürbis
2	Paprika
1	große Zwiebel
1	Dose Tomaten (400g)
330 ml	Gemüsebrühe
100 g	Mais tiefgekühlt
250 g	gekochte Kidneybohnen oder Kichererbsen
1 EL	Ahornsirup
2 EL	Tomatenmark
2	Knoblauchzehen
2	getrocknete Chilischoten
1 EL	Rapsöl mit Buttergeschmack
½ TL	geräuchertes Paprikapulver
½ TL	Kakaopulver
¼ TL	Zimt
1 TL	Kreuzkümmel
2	Kardamomkapseln
1	Nelke
¼ TL	Ingwerpulver
1 Msp	Muskat
¼ TL	Piment
1 TL	Salz
½	Bund Koriander oder glatte Petersilie

Zubereitung

Zwiebel in kleine Würfel schneiden. Kürbis und Paprika in 2 cm große Würfel schneiden. Knoblauchzehe schälen.

Öl in einen großen, heißen Topf geben. Zwiebel hinzugeben und 2 Minuten glasig dünsten. Tomatenmark und Kreuzkümmel hinzugeben und ca. 1 Minute unter Rühren rösten. Paprika, Mais und Kürbiswürfel hinzugeben und weitere 2 Minuten unter Rühren rösten. Mit den Tomaten sowie der Gemüsebrühe ablöschen.

Knoblauchzehen pressen, Kardomomkapseln und Nelke fein mörsern. Mit den übrigen Gewürzen, zum Chili geben. Mit Ahornsirup abschmecken und mit geschlossenem Deckel 10–15 Minuten köcheln lassen.

Koriander oder Petersilie fein hacken.

Das Chili mit gehackten Kräutern, Naturreis und unserem Zitronenjoghurt (S. 54) servieren.

Tipp

Dieses Chili lässt sich gut vorbereiten, wenn man viele Gäste erwartet. Mit frischem Baguette oder Tortilla-Chips schmeckt es noch besser. Übrig gebliebenes lässt sich am besten portionsweise einfrieren.

Good to Know

Im Sommer empfehlen wir frischen Mais, im Winter sind die tiefgekühlten knackigen Maiskörner die aromatischere Variante.

Die Gewürzmischung lässt sich gut vorbereiten, dafür einfach ein Vielfaches der trockenen Gewürze miteinander vermengen und in einem sauberen Schraubglas aufbewahren.

Seitan Gemüse Stir Fry

Meal Prep

post LIT

post HIT

high Protein

high Carb

Für 2 Portionen

Zutaten

500 g	Kartoffeln
300 g	Seitan (S. 20)
2	Knoblauchzehen
1	Brokkoli
2	Karotten
1	Paprika
2	Zwiebeln
2 EL	Sesam
5 EL	Sojasoße
1 EL	Reissirup
1 EL	Balsamico-Essig
2	getrocknete Chilis
¼ TL	Szechuanpfeffer
7 g	frischen Ingwer
4 EL	Sesamöl
½ Bund	Koriander

Zubereitung

Kartoffeln, Paprika, Karotten und Zwiebeln in sehr feine Streifen hobeln. Seitan in dünne Scheiben schneiden. Brokkolistiel schälen und in Scheiben schneiden, den Rest in kleine Röschen schneiden.

Sesamöl in eine große heiße Pfanne geben.

Seitan und Zwiebeln in die Pfanne geben und 4 Minuten bei mittlerer bis hoher Hitze unter gelegentlichem Rühren anbraten.

Nun die Kartoffeln, Karotten, Paprika und den Brokkoli hinzugeben und weitere 3 Minuten anbraten.

In der Zwischenzeit die Knoblauchzehen pressen, den Ingwer fein reiben, den Szechuanpfeffer und die getrockneten Chilis mahlen und zusammen mit Sojasoße, Reissirup und Essig zu einer Soße verrühren.

Das Gemüse mit der Soße ablöschen und eine Minute ziehen lassen.

Mit Sesam und frisch gehacktem Koriander servieren.

Tipp

Beim Gemüse habt ihr freie Wahl: Falls ihr noch Gemüsereste im Kühlschrank habt, lassen sich diese gut in diesem Stir Fry verwerten. Wie wäre es zum Beispiel mit Kürbis, Champignons oder Kohl?

Wer nach einer intensiven Sporteinheit noch mehr Kohlenhydrate braucht, kombiniert die Gemüsepfanne einfach mit Reis.

Knuspertofu mit Kartoffelwürfeln

Meal Prep

post HIT

post LIT

high Protein

high Carb

Für 2 Portionen

Zutaten

Für die Kartoffelwürfel

500 g	Kartoffeln
2 EL	Kichererbsenmehl
½ TL	Salz
½ TL	Currypulver
1 TL	Thymian
3 EL	Olivenöl

Für die Cashewsoße

50 g	Cashewkerne (über Nacht in Wasser eingeweicht)
25 g	getrocknete Tomaten
40 g	Sojaquark
150 ml	Sojamilch
1 EL	Hefeflocken
1 EL	Balsamico-Essig
1 TL	Reissirup
1 TL	Oregano (getrocknet)
1	Knoblauchzehe
¼ TL	Salz
¼ TL	geräuchertes Paprikapulver (scharf)

Für den Knuspertofu

200 g	Tofu
2 EL	Vollkornmehl
100 g	Sojamilch
½ TL	Kala Namak
2 EL	Sojasoße
50 g	Sojaflocken
2 EL	Olivenöl

Zubereitung

Kartoffelwürfel

Kartoffeln waschen, in 2 cm große Würfel schneiden und mit einem Küchentuch trocken tupfen.

Die Kartoffelwürfel in eine große Schüssel geben und mit Olivenöl, Kichererbsenmehl, Currypulver, Thymian und Salz würzen. Alles gut vermengen und bei 180 °C Umluft für ca. 25 Minuten im Ofen goldbraun backen.

Cashewsoße

Die getrockneten Tomaten in einem Sieb abtropfen lassen. Die Knoblauchzehe schälen. Die eingeweichten Cashewkerne zusammen mit allen Zutaten in einem leistungsfähigen Standmixer pürieren bis eine homogene Soße entstanden ist.

Die fertige Soße beiseite stellen.

Knuspertofu

Den Tofu in 2 cm dicke Scheiben schneiden.

In einer Schüssel Mehl, Sojamilch, Kala Namak und Sojasoße mit einem Schneebesen vermischen.

In einer zweiten Schüssel die Sojaflocken bereit stellen.

Die Tofuscheiben erst in die flüssige Mischung geben und im Anschluss in den Sojaflocken wenden. Auf einem Teller zwischenlagern.

Die panierten Tofuscheiben in einer heißen Pfanne in 2 EL Öl bei mittlerer Hitze für ca. 4–5 Minuten pro Seite knusprig ausbacken.

Knuspertofu mit Kartoffelwürfel zusammen mit einem grünen Blattsalat servieren.

Ofengemüse

mit Gremolata

Meal Prep

glutenfrei

high Carb

Für 4 Portionen

Zutaten

Für das Ofengemüse

1,5 kg	Gemüse: z.B. Kürbis, Kartoffeln, Rote Bete Pastinake, Zwiebel
2	Knoblauchzehen
4 EL	Olivenöl
2 TL	Fenchelsamen
	Salz & Pfeffer

Für die Gremolata

1	Bio-Orange
2	getrocknete Chilis
1 EL	Rosmarinblättchen
50 g	schwarze Oliven
3 EL	Walnüsse

Zubereitung

Ofengemüse

Gemüse in mundgerechte Würfel oder Spalten bzw. Scheiben schneiden und in eine sehr große Schüssel mit Deckel geben.

Die Knoblauchzehen pressen und zusammen mit Salz und Pfeffer sowie Olivenöl zum Gemüse geben. Deckel auf die Schüssel geben und gut „durchshaken".

Das Gemüse auf ein mit Backpapier ausgelegtes Backblech geben und ca. 40 Minuten bei 180 °C Umluft auf mittlerer Schiene im Backofen backen.

In der Zwischenzeit die Fenchelsamen im Mörser fein mahlen. Nach 10 Minuten Backzeit die gemahlenen Fenchelsamen über das Gemüse geben und damit vermengen.

Gremolata

Die Orange heiß waschen, die Schale abreiben. Oliven in feine Würfel schneiden, üsse grob hacken. In einem kleinen Schälchen Orangenschalenabrieb, Olivenwürfel, Rosmarin und die zerbröselten Chilischoten vermischen.

10 Minuten vor Ende der Backzeit die Gremolata über das Gemüse geben und unterheben.

Das Ofengemüse mit unserem Kräuterquark (S. 54) servieren.

Tipp

Beim Gemüse könnt ihr je nach Saison variieren. Gut zur Gremolata passen z.B. auch Mais, Fenchel oder Karotten.

Richtig Snacken

Kurkumadrink

Meal Prep

glutenfrei

Für 4 Shots

Zutaten

2	Orangen
1	Zitrone
60 g	frischer Ingwer
15 g	Kurkuma frisch (oder Kurkumapulver)
1 TL	schwarzer Pfeffer (frisch & gemahlen)

Zubereitung

Die Orangen und die Zitrone schälen und in grobe Würfel schneiden. Ingwer und Kurkuma in Scheiben schneiden.

Alle Zutaten in einen Mixer geben und pürieren.

Ggf. mit etwas Wasser verdünnen.

In einem sauberen Glas oder einem Gefäß im Kühlschrank aufbewahren oder direkt frisch genießen.

Good to Know

Der Kurkumashot schmeckt kalt noch besser, serviert ihn mit einem Eiswürfel in einem kleinen Shotglas oder legt die Orangen und Zitrone vor der Zubereitung für einige Stunden in den Kühlschrank.

Durch das Pürieren der Zitrusfrüchte bleiben die wichtigen Nähr- und Ballaststoffe erhalten. Beim Auspressen würden diese verloren gehen.

Energy Balls

Dark & White

Meal Prep

glutenfrei

pre LIT

high Carb

Für je 40 Energy Balls

Zutaten

Für die dunklen Energy Balls

200 g	feine Haferflocken (glutenfrei)
150 g	Datteln
100 g	Reissirup
100 g	Mandelmus
35 g	gepuffter Quinoa
2 g	Salz
20 g	Kakaopulver

Für die hellen Energy Balls

200 g	feine Haferflocken (glutenfrei)
150 g	Datteln
100 g	Reissirup
100 g	Erdnussmus
35 g	Leinsamen
2 g	Salz
1 TL	Zimt

Zubereitung

Datteln mit kochendem Wasser übergießen und ca. 10 Minuten einweichen lassen. Im Anschluss das Einweichwasser abgießen.

Jeweils eine Hälfte der eingeweichten Datteln mit dem jeweiligen Nussmus und Reissirup pürieren. Anschließend die jeweiligen trockenen Zutaten hinzugeben und zu einem Teig vermengen.

Wenn der Teig zu klebrig ist, füge etwas Haferflocken hinzu. Wenn der Teig zu trocken ist, dann gib mehr Reissirup hinzu.

In 80 kleine Bälle rollen. Im Kühlschrank gelagert halten die Energy Balls bis zu zwei Wochen.

Anmerkung

Die Bällchen eignen sich super für lange Grundlagen-Ausdauereinheiten auf dem Rad und sind in Papier eingewickelt einfach in der Trikottasche verstaubar.

Mandelhörnchen

Meal Prep

glutenfrei

pre LIT

high Protein

Für 10 Hörnchen

Zutaten

Für die Hörnchen

150 g	gemahlene Mandeln
80 g	Datteln
1	Prise Salz

Für die Schokoglasur

3 TL	stark entöltes Kakaopulver
3 TL	Kokosöl

Zubereitung

Hörnchen

Datteln mit heißem Wasser übergießen und ca. 10 Minuten einweichen lassen.

Im Anschluss das Einweichwasser abgießen und die Datteln pürieren.

Gemahlene Mandeln mit Salz vermengen. Pürierte Datteln hinzugeben und zu einem gleichmäßigen Teig kneten.

Aus dem Teig 10 gleich große Kugeln rollen und daraus kleine Hörnchen formen.

Die Hörnchen für 10 Minuten bei 175 °C Umluft im Backofen backen und gut auskühlen lassen.

Schokoglasur

Kokosöl erwärmen und Kakaopulver darin auflösen.

Die Enden der Hörnchen in die Schokoglasur tunken und auf einem Backpapier trocknen lassen. In einer Keksdose aufbewahren.

Tipp

Die Mandelhörnchen sind ein gesunder Snack für Zwischendurch und eignen sich auch in einem Schraubglas verpackt zum Verschenken.

High Protein Schokopudding

Meal Prep

glutenfrei

pre LIT

high Protein

Für eine Portion

Zutaten

½	sehr reife Banane
2 TL	veganes Proteinpulver (neutral)
1 TL	Kakaopulver
¼ TL	Zimt
2 TL	Sojaflocken
100 ml	Sojamilch
1 TL	geschälte Hanfsamen

Zubereitung

Die halbe Banane mit einer Gabel in einer kleinen Schale zerdrücken.

Kakaopulver, Proteinpulver, Zimt, und Sojaflocken hinzugeben und gut verrühren.

Die Sojamilch unterrühren, sodass eine leicht breiige Masse entsteht. Den Pudding ca. 5 Minuten stehen lassen, bis die Sojaflocken aufgequollen sind.

Mit Hanfsamen toppen und genießen.

Tipp

Der Pudding lässt sich gut mit einem Klecks veganem Joghurt kombinieren.

Wir verwenden den Pudding gerne vor der ersten Trainingseinheit am Morgen oder als kleinen süßen Snack am Nachmittag, er ist leicht verdaulich und liefert Energie.

Bananenbrot

Meal Prep

pre LIT

high Carb

Für eine Kastenform

Zutaten

300 g	Dinkelmehl Type 1050
200 ml	Sojamilch
3	sehr reife Bananen
1 TL	Backpulver
1 TL	Natron
1 TL	Apfelessig
1 TL	Zimt
2 EL	Zartbitterschokolade gehackt (mindestens 90 %)

Zubereitung

Den Backofen auf 175 °C Ober-/Unterhitze vorheizen.

Mehl, Backpulver, Natron, Zimt und gehackte Schokolade miteinander in einer Schüssel verrühren.

In einer zweiten Schüssel die Bananen zusammen mit Apfelessig und der Sojamilch pürieren. Den flüssigen Teil zu den trockenen Zutaten geben und gut verrühren.

Kastenform mit Backpapier auslegen und den Teig in die Form füllen. Das Brot auf der mittleren Schiene ca. 50 Minuten backen.

Tipp

Wer es süßer mag, gibt noch 5 eingeweichte Datteln zu den Bananen und püriert diese mit. Das Bananenbrot kann auch mit Kardamom verfeinert werden.

Besonders lecker schmeckt es übrigens, wenn ihr es nach dem Auskühlen im Kühlschrank aufbewahrst und euch die Scheiben frisch toastet. Mit etwas gesalzenem Erdnussmus-Crunch wird es zu einer wahren Delikatesse.

Orangenkuchen

Meal Prep

glutenfrei

post HIT

high Carb

Für eine 26 cm Springform

Zutaten

300 g	Dinkelvollkornmehl
100 g	gemahlene Mandeln
160 ml	Olivenöl
150 g	Apfelmark
140 ml	Ahornsirup
5	Bio-Orangen
3 TL	Backpulver
1	Prise Salz

Zubereitung

Teig

Dinkelvollkornmehl, Mandeln, Backpulver und Salz in einer Schüssel vermengen.

Orangen heiß waschen und abtrocknen. Schale einer Orange abreiben und zum Mehl in die Schüssel geben.

Öl, 100 ml Ahornsirup, Saft einer Orange und Apfelmark in einem weiteren Gefäß vermengen und glatt rühren. Die Masse zu den übrigen Zutaten in die Schüssel geben und mit einem Löffel zu einem gleichmäßigen Teig verrühren.

Backofen auf 180 °C Ober-/Unterhitze vorheizen. Springform (26 cm Durchmesser) mit Olivenöl fetten. Teig in die Springform geben und glatt streichen. 40 Minuten auf mittlerer Schiene backen, bis er den Stäbchentest besteht.

Garnitur

2 Orangen auspressen und den Saft mit 20 ml Ahornsirup in einem kleinen Topf aufkochen. Bei geringer Hitze und ohne Deckel 20 Minuten eindicken lassen.

Den heißen Kuchen in der Backform lassen und mit einer Gabel mehrfach die Oberfläche einstechen. Den eingedickten Saft langsam über den Kuchen gießen, bis der Saft eingesogen ist.

Für die Garnitur 2 der abgewaschenen Orangen in ca. 1 cm dicke Scheiben schneiden. 20 ml Ahornsirup in einer großen Pfanne erhitzen und Orangenscheiben 4 Minuten pro Seite karamellisieren.

Den Kuchen mit den Orangenscheiben verziert servieren.

Good to Know

Da wir unsere Lebensmittel stets in Bio-Qualität kaufen, können wir die karamellisierten Orangenscheiben mit Genuss zu uns nehmen. Die Schale wurde nicht mit Pflanzenschutzmitteln oder Konservierungsmitteln behandelt.

Rote Bete Brownies

Meal Prep

glutenfrei

post HIT

high Protein

Für 9 Brownies

Zutaten

Für die Brownies

100 g	gemahlene Mandeln
100 g	Haferflocken (glutenfrei)
1	sehr reife Banane
150 g	gekochte Rote Bete
25 g	Datteln
50 g	Cashewkerne (über Nacht in Wasser eingeweicht)
70 ml	Sojamilch
1 TL	Backpulver
2 EL	Leinmehl
2 EL	veganes Proteinpulver
2 EL	Kakaopulver (ungesüßt)
½ TL	Apfelessig

Für das Frosting

50 g	Sojaquark
50 g	Cashewkerne (über Nacht in Wasser eingeweicht)
1 EL	Reissirup
2 EL	Himbeeren oder Granatapfelkerne

Zubereitung

Brownies

Leinmehl mit 4 EL Wasser verquirlen und beiseitestellen.

Rote Bete, Banane, Cashewkerne, Sojamilch, Apfelessig und Datteln mit einem Pürierstab pürieren.

Das Leinmehlgemisch zusammen mit den trockenen Zutaten (Mandeln, Haferflocken, Backpulver, Proteinpulver und Kakaopulver) zu der Rote Bete Masse geben und gut verrühren, bis ein gleichmäßiger Teig entstanden ist.

Backofen auf 175 °C Umluft vorheizen.

Den Teig in eine gefettete Auflaufform geben und glatt streichen.

Auflaufform in den Ofen geben und etwa 25 Minuten backen.

Frosting

Während die Brownies im Ofen sind, Cashewkerne pürieren und mit Sojaquark und Reissirup vermengen. Anschließend Himbeeren oder Granatapfelkerne vorsichtig unterheben.

Brownies nach dem Backen abkühlen lassen, dann erst das Frosting auf die Brownies streichen.

Tipp

Die Browniemasse kann je nach Geschmack mit gehackter Zartbitterschokolade (mindestens 80 % Kakao), Vanillepulver oder Orangenzeste verfeinert werden.

Kichererbsen Brownies

mit Schokoglasur

Meal Prep

glutenfrei

post HIT

post LIT

high Protein

high Carb

Für 9 Stück

Zutaten

Für die Brownies

250 g	gekochte Kichererbsen
100 g	Apfelmark
100 ml	Sojamilch
100 g	gemahlene Mandeln
70 g	Walnüsse
1 EL	Leinmehl
3 EL	Kakaopulver (ungesüßt)
1 TL	Backpulver
1 Msp	Vanillepulver

Für die Schokoglasur

3 TL	Kakaopulver
3 TL	Kokosöl

Zubereitung

Brownies

Apfelmark mit Kichererbsen in eine Schüssel geben und pürieren.

Kakaopulver, Backpulver, Vanille, Leinmehl und gemahlene Mandeln unterheben.

Sojamilch hinzugeben und gut verrühren. Die Walnüsse mit der Hand zerkleinern und unter den Teig heben.

Browniemasse in eine gefettete Auflaufform geben oder auf ein mit Backpapier ausgelegtes Backblech zu einem Quadrat ausstreichen.

In den Ofen geben und die Brownies bei 175 °C Umluft für 40 Minuten backen.

Die Brownies gut abkühlen lassen.

Glasur

Kokosöl in einem Topf erwärmen, Kakaopulver hinzugeben und verrühren, bis es sich vollständig aufgelöst hat.

Die ausgekühlte Browniemasse mit der Glasur bestreichen.

Anschneiden und genießen.

Tipp

Die Browniemasse kann je nach Geschmack mit gehackter Zartbitterschokolade (mindestens 80 % Kakao), Vanillepulver oder Orangenzeste verfeinert werden.

Die Brownies sind luftdicht verschlossen bis zu fünf Tage im Kühlschrank haltbar.

Apfel Zimtschnecken

Meal Prep

post HIT

high Protein

high Carb

Für eine 26 cm Springform

Zutaten

Für den Hefeteig

400 g	Dinkelvollkornmehl (und etwas mehr zum Ausrollen)
30 g	frische Hefe
50 g	weißes Mandelmus
200 ml	Reismilch
60 ml	Reissirup
1	Prise Salz

Für die Füllung

350 g	Äpfel
3 EL	veganes Öl
3 EL	Kokosblütenzucker
3 TL	Zimt

Zubereitung

Hefeteig

Vegane Milch erwärmen, 1 TL Reissirup hinzufügen, Hefe hinzugeben und mit einem Schneebesen verrühren, bis sich die Hefe komplett aufgelöst hat. Das Mandelmus hinzugeben und glatt rühren.

200 g Mehl mit dem restlichen Sirup und dem Salz in einer Schüssel vermengen und eine Mulde formen. Die flüssige Mischung hinzugeben und vermengen.

Nach und nach den Reste Mehl hinzufügen. Wenn der Teig zu trocken ist, etwas milch hinzufügen, wenn der Teig zu flüssig ist, mehr Mehl hinzugeben.

Den Teig mit einem Geschirrtuch abdecken und für ca. 2–3 h an einem warmen Ort gehen lassen.

Zimtschnecken

Die Äpfel in kleine Würfel schneiden und in einer Schüssel mit Kokosblütenzucker, Zimt, und Öl vermengen.

Den Teig nach der Gehzeit rechteckig auf 30 x 40 cm ausrollen (ca. 0,5 cm dick).

Den Teig mit der Füllung belegen. Dabei etwa 1 cm an den Rändern der langen Seite aussparen. Den Teig der Länge nach aufrollen und in 2 cm breite Scheiben schneiden.

Die Scheiben in eine geölte mit Kokosblütenzucker bestreute Kuchen- oder Auflaufform geben.

Mit einem Geschirrtuch abdecken und weitere 30 Minuten gehen lassen.

Die Zimtschnecken bei 180 °C Umluft für ca. 15 Minuten backen. (Die Backzeit kann je nach Ofen stark variieren, also gelegentlich im Ofen nachschauen!)

Lebkuchen

Meal Prep

glutenfrei

high Protein

high Carb

Für 30 kleine Lebkuchen

Zutaten

200 g	gemahlene Haselnüsse
100 g	gemahlene Mandeln
100 g	getrocknete Feigen
100 g	getrocknete Datteln
100 g	getrocknete Aprikosen
150 g	Apfelmark
1	Orange (Abrieb)
2 TL	Lebkuchengewürz
1	Prise Salz
60 g	Zartbitterschokolade (mindestens 90 %)

Zubereitung

Haselnüsse und Mandeln in einer großen Pfanne rösten und dabei stets rühren, damit das Nussmehl schön aromatisch wird, aber nicht anbrennt.

Feigen, Datteln und Aprikosen zusammen mit Apfelmark in einen leistungsfähigen Mixer geben und zu einem Mus verarbeiten.

Orange heiß abwaschen und die Schale fein abreiben.

Geröstetes Nussmehl zusammen mit dem Fruchtmus in eine Schüssel geben, Lebkuchengewürz, Orangenschalenabrieb und Salz hinzugeben und mit einem Löffel vermengen, bis eine gleichmäßige Masse entsteht.

Je einen Esslöffel der Masse mit feuchten Händen zu einer gewölbten Form streichen und auf einem mit Backpapier ausgelegten Backblech verteilen.

Die Lebkuchen auf mittlerer Schiene ca. 15 Minuten bei 175 °C Ober-/Unterhitze backen. Im Anschluss gut auskühlen lassen.

Zartbitterschokolade im Wasserbad schmelzen und die Lebkuchen damit einpinseln.

Tipps

Um gänzlich auf zugesetzten Zucker zu verzichten, verwenden wir eine Schokolade mit 100 % Kakaogehalt.

Bei den getrockneten Früchten kann man nach Geschmack variieren. Die Feigen bringen einen gewissen Knuspereffekt.

Die Lebkuchen halten sich kühl und luftdicht verpackt ca. 2 Wochen.

uvex
evoc
FR TRAIL 20

Register

A

Alfalfasprossen 20
Apfel
  Apfel Zimtschnecken 132
  Apple Crumble 44
  Breakfast Pancakes 46
  Rote Bete Salat 62
Apple Crumble 44
Aprikosen
  Lebkuchen 134
Aubergine
  Die weltbeste Pizza 96
Auflauf
  Lasagne 80
  Muschelnudeln mit Grünkohl-Frischkäse 82

B

Banane
  Apple Crumble 44
  Bananenbrot 124
  Breakfast Pancakes 46
  High Protein Schokopudding 122
  Kakao Aufstrich 54
  Porridge 34
  Rote Bete Brownies 128
Basilikum
  Basilikumpesto 30
  Die weltbeste Pizza 96
  Muschelnudeln 82
Beeren
  Breakfast Pancakes 46
  Porridge 34
  Rote Bete Brownies 128
Bohnen
  Grüne Bohnen
    Grünes Curry 100
  Kidneybohnen
    Kidneybohnen Aufstrich 50
    Kidneybohnen Eintopf 104
    Minestrone 70
    Paprika Chili sin Carne 106
    Rote Bete Burger 76
  Schwarze Bohnen
    Bohnen Bolognese 84
  Weiße Bohnen
    Kürbissuppe 68
    Minestrone 70
Bolognese 84
Braunhirse
  Porridge 34
Brokkoli
  Brokkoli Paprika Salat 66
  Gelbes Curry 98
  Grünes Curry 100
  Quiche vom Blech 94
  Reisnudeln 102
  Seitan Gemüse Stir Fry 108
Brot & Brötchen
  Bananenbrot 124
  Körnerbrot 42
  Protein Brötchen 40
  Protein-Pfannenbrot 86
  Rote Bete Burger 76
  Sauerteigbrot 38
Brownies
  Kichererbsen Brownies 130
  Rote Bete Brownies 128
Buchweizen
  Grünkohlsalat 60
Burger 76

C

Carbonara 78
Cashewkerne
  Basilikumpesto 30
  Cashewsoße 111
  Knuspertofu mit Kartoffelwürfeln 110
  Lasagne 80
  Rote Bete Brownies 128
  Veganer Parmesan 26
Cashewmus
  Cashewcreme 97
  Die weltbeste Pizza 96
Champignons
  Bohnen Bolognese 84
  Buchweizen-Sauerkraut-Pancakes 90
  Die weltbeste Pizza 96
  Rote Bete Burger 76
Cole Slaw 64
Currygerichte
  Gelbes Curry 98
  Gelbe und Grüne Currypaste 24
  Grünes Curry 100

D

Datteln
  Apple Crumble 44
  Bananenbrot 124
  Energy Balls 118
  Kakao Aufstrich 54
  Lebkuchen 134
  Mandelhörnchen 120
  Rote Bete Brownies 128
Dips
  Basilikumpesto 30
  Cashewsoße 77, 111
  Dreierlei Hummus 52
  Gremolata 112
  Kakao Aufstrich 54
  Kidneybohnen Aufstrich 50
  Kräuterquark 56
  Tomatensalsa 89
  Zitronenjoghurt 56

E

Eintopf
  Kidneybohnen Eintopf 104
  Minestrone 70
  Paprika Chili sin Carne 106
Energy Balls 118
Erdbeeren
  Breakfast Pancakes 46
Erdnüsse
  Kidneybohnen Eintopf 104
  Reisnudeln 102
Erdnussmus
  Bananenbrot 124
  Breakfast Pancakes 46
  Energy Balls 118
  Gelbes Curry 98
  Grünes Curry 100
  Kidneybohnen Eintopf 104
  Reisnudeln 102

F

Feigen
  Lebkuchen 134
Feldsalat
  Rote Bete Salat 62

Fenchel
Lasagne 80
Minestrone 70
Ofengemüse mit Gremolata 112
Flohsamenschalen
Körnerbrot 42
Protein Brötchen 40
Rote Bete Burger 76
Frühlingszwiebeln
Gelbe und Grüne Currypaste 24
Quiche vom Blech 94
Rührtofu 36

G

Grünkern Bratlinge 74
Grünkohl
Grünes Curry 100
Grünkohlsalat mit Miso-Dressing 60
Muschelnudeln mit Grünkohl-Frischkäse 82
Gurke
Gewürzgurke
Rote Bete Burger 76
Salatgurke
Dreierlei Hummus 52
Rote Bete Burger 76

H

Haselnüsse
Lebkuchen 134
Hefe
Apfel Zimtschnecken 132
Die weltbeste Pizza 96
Heidelbeeren
Breakfast Pancakes 46
Himbeeren
Breakfast Pancakes 46
Rote Bete Brownies 128
Hirse
Kidneybohnen Eintopf 104
Porridge (Braunhirse) 34
Hummus 52

I

Ingwer
Apple Crumble 44
Gelbe und Grüne Currypaste 24
Kürbissuppe 68
Kurkumadrink 116
Reisnudeln 102
Seitan Gemüse Stir Fry 108

J

Joghurt vegan
Alfalfasprossen 20
Apple Crumble 44
Cole Slaw 64
High Protein Schokopudding 122
Kidneybohnen Eintopf 104
Paprika Chili sin Carne 106
Porridge 34
Protein-Pfannenbrot 86
Rührtofu 36
Süßer Allrounder 28
Zitronenjoghurt 56

K

Karotten
Bohnen Bolognese 84
Cole Slaw 64
Dreierlei Hummus 52
Grünkern Bratlinge 74
Kidneybohnen Aufstrich 50
Lasagne 80
Minestrone 70
Ofengemüse mit Gremolata 112
Quiche vom Blech 94
Reisnudeln 102
Rote Bete Salat 62
Seitan Gemüse Stir Fry 108
Kartoffel
Gelbes Curry 98
Knuspertofu mit Kartoffelwürfeln 110
Kürbissuppe 68
Ofengemüse mit Gremolata 112
Rote Bete Burger 76
Seitan Gemüse Stir Fry 108
Käse vegan
Die weltbeste Pizza 96
Muschelnudeln mit Grünkohl-Frischkäse 82
Quiche vom Blech 94
Veganer Parmesan 26
Kichererbsen
Dreierlei Hummus 52
Kakao Aufstrich 54
Kichererbsen Brownies 130
Paprika Chili sin Carne 106
Kidneybohnen Aufstrich 50
Knuspertofu mit Kartoffelwürfeln 110
Kohl
Cole Slaw 64
Grünes Curry 100
Grünkohlsalat 60
Muschelnudeln mit Grünkohl-Frischkäse 82
Kokos
Kokosjoghurt
Porridge 34
Süßer Allrounder 28
Kokosmilch
Gelbes Curry 98
Grünes Curry 100
Koriander
Dreierlei Hummus 52
Gelbes Curry 98
Gelbe und Grüne Currypaste 24
Grünes Curry 100
Paprika Chili sin Carne 106
Reisnudeln 102
Seitan Gemüse Stir Fry 108
Tomatensalsa 88
Körnerbrot 42
Kräuterquark 56
Kuchen
Apfel Zimtschnecken 132
Bananenbrot 124
Kichererbsen Brownies 130
Orangenkuchen 126
Rote Bete Brownies 128
Kürbis
Gelbes Curry 98
Kürbissuppe 68
Ofengemüse mit Gremolata 112
Paprika Chili sin Carne 106
Kürbiskerne
Körnerbrot 42
Kürbissuppe 68
Protein Brötchen 40
Rote Bete Salat 62

Kurkuma
Gelbe und Grüne Currypaste 24
Körnerbrot 42
Kurkumadrink 116
Rührtofu 36
Spaghetti Carbonara 78
Süßer Allrounder 28

L

Lasagne 80
Lebkuchen 134
Leinsamen
Energy Balls 118
Kichererbsenfladen 88
Körnerbrot 42
Porridge 34
Limetten
Tomatensalsa 88
Limettenblätter
Gelbe und Grüne Currypaste 24
Linsen
Linsenwaffeln 92

M

Mais
Ofengemüse mit Gremolata 112
Paprika Chili sin Carne 106
Mandeln (ganz)
Muschelnudeln mit Grünkohl-Frischkäse 82
Veganer Parmesan 26
Mandeln (gemahlen)
Apple Crumble 44
Kichererbsen Brownies 130
Lebkuchen 134
Mandelhörnchen 120
Orangenkuchen 126
Rote Bete Brownies 128
Mangold
Grünes Curry 100
Mehl
Buchweizenmehl
Apple Crumble 44
Breakfast Pancakes 46
Buchweizen-Sauerkraut-Pancakes 90
Dinkelvollkornmehl
Apfel Zimtschnecken 132
Orangenkuchen 126
Protein-Pfannenbrot 86
Quiche vom Blech 94
Kichererbsenmehl
Kichererbsenfladen 88
Knuspertofu mit Kartoffelwürfeln 110
Seitan 22
Kürbiskernmehl
Protein Brötchen 40
Leinmehl
Breakfast Pancakes 46
Buchweizen-Sauerkraut-Pancakes 90
Grünkern Bratlinge 74
Kichererbsen Brownies 130
Kichererbsenfladen 88
Körnerbrot 42
Protein Brötchen 40
Rote Bete Brownies 128
Rote Bete Burger 76
Mandelmehl
Protein Brötchen 40
Roggenvollkornmehl
Sauerteigbrot 38
Vollkornmehl
Lasagne 80
Weizenmehl
Die weltbeste Pizza 96
Milch vegan
Erbsenmilch
Porridge 34
Reismilch
Apfel Zimtschnecken 132
Breakfast Pancakes 46
Sojamilch
Bananenbrot 124
Buchweizen-Sauerkraut-Pancakes 90
Cashewcreme 97
Dreierlei Hummus 52
High Protein Schokopudding 122
Kakao Aufstrich 54
Kichererbsen Brownies 130
Knuspertofu mit Kartoffelwürfeln 110
Lasagne 80
Quiche vom Blech 94
Rote Bete Brownies 128
Rührtofu 36
Spaghetti Carbonara 78
Minestrone 70
Miso-Dressing 60
Muschelnudeln mit Grünkohl-Frischkäse 82

N

Nudeln
Bohnen Bolognese 84
Lasagne 80
Minestrone 70
Muschelnudeln mit Grünkohl-Frischkäse 82
Reisnudeln 102
Spaghetti Carbonara 78

O

Ofengemüse mit Gremolata 112
Oliven
Ofengemüse mit Gremolata 112
Orangen
Kurkumadrink 116
Orangenabrieb
Lebkuchen 134
Porridge 34
(Rote Bete) Hummus 53
Orangenkuchen 126
Orangensaft
Grünkohlsalat 60
Kurkumadrink 116
Rote Bete Hummus 53

P

Pancakes
Breakfast Pancakes 46
Buchweizen-Sauerkraut-Pancakes 90
Paprika
Brokkoli Paprika Salat 66
Gelbes Curry 98
Geröstete Paprika Hummus 53
Grünes Curry 100
Paprika Chili sin Carne 106
Reisnudeln 102
Seitan Gemüse Stir Fry 108

Parmesan vegan 26
Pasta
Bohnen Bolognese 84
Lasagne 80
Muschelnudeln mit Grünkohl-Frischkäse 82
Spaghetti Carbonara 78
Pastinake
Grünkern Bratlinge 74
Minestrone 70
Ofengemüse mit Gremolata 112
Pfannenbrot 86
Pfannkuchen
Breakfast Pancakes 46
Buchweizen-Sauerkraut-Pancakes 90
Pilze
Bohnen Bolognese 84
Buchweizen-Sauerkraut-Pancakes 90
Die weltbeste Pizza 96
Grünes Curry 100
Quiche vom Blech 94
Rote Bete Burger 76
Pizza 96
Porridge 34

Q

Quiche 94

R

Radicchio
Grünkohlsalat 60
Reis
Gelbes Curry 98
Grünes Curry 100
Paprika Chili sin Carne 106
Reisnudeln 102
Rote Bete
Dreierlei Hummus 52
Ofengemüse mit Gremolata 112
Rote Bete Brownies 128
Rote Bete Burger 76
Rote Bete Salat 62
Rucola
Die weltbeste Pizza 96
Muschelnudeln mit Grünkohl-Frischkäse 82
Rührtofu 36

S

Salate
Brokkoli Paprika Salat 66
Cole Slaw 64
Grünkohlsalat 60
Rote Bete Salat 62
Sauerkraut
Buchweizen-Sauerkraut-Pancakes 90
Sauerteigbrot 38
Schokolade
Bananenbrot 124
Kichererbsen Brownies 130
Lebkuchen 134
Rote Bete Brownies 128
Schokopudding 122
Seitan
Gelbes Curry 98
Grundrezept 22
Seitan Gemüse Stir Fry 108
Sellerie
Bohnen Bolognese 84
Kidneybohnen Aufstrich 50
Lasagne 80
Spinat
Muschelnudeln mit Grünkohl-Frischkäse 82
Suppen
Kürbissuppe 68
Minestrone 70
Paprika Chili sin Carne 106

T

Tempeh
Grünes Curry 100
Tofu
Brokkoli Paprika Salat 66
Buchweizen-Sauerkraut-Pancakes 90
Knuspertofu mit Kartoffelwürfeln 110
Lasagne 80
Muschelnudeln mit Grünkohl-Frischkäse 82
Quiche vom Blech 94
Reisnudeln 102
Rührtofu 36
Spaghetti Carbonara 78
Tomaten (Dose)
Bohnen Bolognese 84
Die weltbeste Pizza 96
Lasagne 80
Minestrone 70
Muschelnudeln 82
Paprika Chili sin Carne 106
Tomatensalsa 88
Tomaten (frisch)
Die weltbeste Pizza 96
Kidneybohnen Eintopf 104
Muschelnudeln 82
Rote Bete Burger 76
Tomatensalsa 88
Tomaten (getrocknet)
Knuspertofu mit Kartoffelwürfeln 110
Quiche vom Blech 94

W

Walnüsse
Basilikumpesto 30
Brokkoli Paprika Salat 66
Grünkohlsalat 60
Kichererbsen Brownies 130
Ofengemüse 112
Veganer Parmesan 26
Weißkohl
Cole Slaw 64

Z

Zitronen
Apple Crumble 44
Cole Slaw 64
Die weltbeste Pizza 96
Dreierlei Hummus 52
Kurkumadrink 116
Muschelnudeln 82
Quiche vom Blech 94
Zitronenjoghurt 56
Zitronengras
Gelbe und Grüne Currypaste 24
Zucchini
Die weltbeste Pizza 96
Grünes Curry 100

Ihr findet uns im Internet unter:

www.ulpbike-verlag.de

Für Hinweise und Anregungen sind wir dankbar:
info@ulpbike-verlag.de

Bildnachweis:

Autorinnenfotos: © Volker Görzel © Stig Dreyer

Soweit nicht anders vermerkt sind alle Bilder Eigentum von Lena Reichgardt, Anna Rink und der ULP GmbH.

Lena Reichgardt und Anna Rink: Die Vegane Sportlerküche

Lektorat: Lena Reichgardt

Umschlaggestaltung: ULP Verlag Mikka Klöppel

Umschlagbild: © Lena Reichgardt

Satz: Anna Rink

Druck und Bindung: Generál Druckerei GmbH

Printed in Hungary

Erste Auflage, Oktober 2023

ISBN: 978-3-944386-99-7